成功的女人

都是狠角色

成功的女人
都是狠角色

前 言

「女人不狠，地位不穩！」這句話，可能會讓男人吃驚，
卻讓女人暗暗叫好。而且。它也一直在女人圈中踐行著，不是
女人們有意向它靠近，而是想要成功就要與「狠」不謀而合。

女人的「狠」，有千千萬。在幾千年的時光中，她們為了
證明自己而進行著屬於她們的戰爭，在男權至上的制度中，她
們不得不將自己變得智慧、堅韌甚至狠戾。無論她們出身如何，
地位如何，都需要依附男人而生存，為了擺脫這種境地，她們
不得不將自己偽裝。

當一個人想要掙脫現狀時，生存線的掙脫就是天大的事，
所以她們顧不得許多，只要可以強大，她們可以狠下心去做任
何事，無所謂規矩，更無所謂好人壞人。因為她們懂得，社會
的真相是殘酷的。所以，即使她們被所有人指責拋棄，也要堅

持本心，也要打破規則走完自己選擇的路。

這些「狠」角色，從另一個角度詮釋著歷史，詮釋著女性，讓人類枯燥的歷史權勢鬥爭中呈現繽紛的色彩。

有人殺人如麻，憑著殘忍的手段去威懾那些想要謀害她的人，她們用和惡狼搶食的狠勁，一點一滴地掠奪想要的東西。比如武則天，比如呂雉；有人高貴美艷，憑著出眾的容貌取悅並征服男人，她們狠心地犧牲了名譽與貞潔，讓男人心甘情願拜倒在石榴裙下，為其效勞賣命。比如埃及艷后，比如「童貞女王」伊莉莎白一世。

有人擅攻心計，憑著手段與謀略從底層脫穎而出，她們有著破釜沉舟的狠勁，在成功的路上步步為營，在人生的路上步步生花。比如李夫人，比如上官婉兒。

有人壞到極致，憑著蛇蠍的心腸將自己利益最大化，殺人對她們來說只是喜好，而不需要理由。比如賈南風，比如趙飛燕。

有人大義凜然，憑著對信念的執著完成人生的蛻變，她們有著處事不驚的從容，將狠變成一種執著的精神，支撐她們完

成功的女人
都是狠角色

成使命。比如王昭君，比如孝莊太后。

她們是成功的女人，用獨有的方式在歷史長河中留下濃墨重彩的一筆。不論性格如何，她們骨子裡都透著一股狠勁，也正是這股狠勁支撐著她們邁向成功。

本書講述了二十四位中外歷史上成功的「狠」女人，她們來自不同的國度，有著不同的人生經歷，更有著不可複製的人格，但她們同樣有著驚人的相似之處，即非凡的勇氣、堅定的信念和骨子裡散發出的狠勁。

總之，她們是成功的，「狠」是她們取得成功的先決條件，並為她們在前進的道路上掃清了無數絆腳石，最終完成人生目標。她們身體力行地向全世界證明著一個事實：成功的女人，都是狠角色。

目　　錄

目 錄

驪姬

美貌不是她的特色，權謀和手段才是

　　她曾是一國公主，卻因戰敗被迫和親；她曾想要嫁給如意郎君，最終的歸宿卻是一個可以做爺爺的男人；她曾天真爛漫，卻被後人形容為蛇蠍心腸。

　　她就是晉獻公夫人驪姬，有著超出常人的美貌，更有著一

成功的女人
都是狠角色

般女性不具備的沉著耐力與陰謀陽謀。作為春秋時期「紅顏禍水」的頭號人物，驪姬又被後人戲稱為宮鬥戲的「開山鼻祖」。

她有著女性的細膩，深諳晉獻公和對手的心理，從細微之處著手，成功為兒子掃清稱王路上的障礙；她有著男人的狠毒，懂得成大事者不拘小節，不在乎是否手染鮮血，以一人之力將晉獻公的公子們幾乎趕盡殺絕。成功的女人，性格裡從來都離不開一個「狠」字。

驪姬的父親是驪戎首領，在一次戰役中，驪戎被晉國打敗，所以驪姬成為了求和的棋子，與她一起出嫁的還有妹妹少姬。

頃刻間，驪姬從一個高高在上的公主淪落為他國的姬妾。命運的變幻只在瞬息之間，誰也無法料到明天將會發生什麼，更何況驪姬所處的環境，根本不容許她有自己的想法。

在晉國，驪姬只是一個戰敗部落送來的女人，沒有地位，更沒有尊重。如果沒有帝王的寵愛，她很快就會埋沒在後宮之中或遭遇陷害客死他鄉。一個人的心境會隨環境的改變而改變，驪姬很快就想明白了這個道理：後宮中人性的複雜與生存的艱

驪姬

難超乎想像，如今的她猶如逆水行走的船舶，不進則退。於是，驪姬做出了一個決定——得到晉獻公的獨寵，成為晉國最尊貴的女人。

驪姬在見到晉獻公之前，一度對他是充滿期待的。因為他是晉獻公，擁有驪國沒有的金銀與財寶，擁有驪戎沒有的軍隊和土地。他或許英俊瀟灑，或許意氣風發，在前往晉國的路上，驪姬對未來充滿了嚮往。

然而，她萬萬沒有想到晉獻公竟是一個頭髮半白，身材有些佝僂的老者。看著他笑眯眯地走近，她禁不住後退幾步，隨即強迫自己穩住。他用枯樹皮一樣粗糙的手拉起她的手，對她說：「驪姬，來，拜過太廟裡面的祖宗。」

縱然已經做好了準備，但此刻的驪姬還是有些無法接受，她不能想像要如何與一個可以當自己爺爺的老人同床共眠。驪姬後來才知道，那個時候，晉獻公的長子重耳已三十有二。而她，才滿十五歲。

新婚之夜怎麼過來的，驪姬記不得了。她只記得恐懼，噁心。但縱然內心已經驚濤駭浪，但驪姬依然將表面功夫做的

成功的女人
都是狠角色

很好。她清楚知道如今已經沒有退路，未來如何，完全取決於這個男人。

從這一刻起，驪姬將自己安放在懸崖邊上。一片沒有退路的懸崖，是她給自己一個往生命高地衝鋒的機會，也是給自己一張出類拔萃的入場券。所以，在太廟裡面她雖然很恐懼，很討厭那張滿是皺紋的臉和眯著的眼，很想甩開那隻抓著她纖纖玉手的爪子。但她沒有，她露出楚楚可憐的表情，就像一隻受驚無助的小鳥。晉獻公的眼裡，閃著光芒，從那裡，她看到了憐愛。

驪姬的母親是驪君諸位妃子中最美麗的。母親如此重視打扮，使驪姬從小就知道美貌是女人受寵的專利。而驪姬繼承了母親的才能和美貌，連生氣的樣子也有著致命的誘惑。在驪姬有意無意的誘惑下，晉獻公已經無法離開她了。她只要皺皺眉，晉獻公就會馬上關切地問，誰惹驪姬不高興了？

當然她很少皺眉，在她看來，褒姒不對幽王笑，那一定是褒姒笑起來不好看。息夫人三年不與楚王言語，那一定是息夫

驪姬

人的聲音不好聽。「我不一樣，我笑起來的時候最美。我笑起來的時候，就彷彿全世界的花兒都開了，彷彿泉水叮咚地響。」驪姬很清楚自己的長處，所以她總是笑。

比起男人，女人總是多一絲感性，她們喜歡憑著直覺去做事，憑喜好去安排未來。一旦女人的理性戰勝了感性，未來可期。顯然，驪姬就是那個戰勝感性的女人。

權力與女人永遠是男人一生不懈追求的東西，縱然晉國已經足夠強大，卻並不能滿足晉獻公的野心，他要成為一方霸主。

驪姬深諳晉獻公的心思，為了讓兩個人有更多的共同語言，驪姬甚至捧起了史書兵法，偶爾讀給晉獻公聽，遇到疑惑時，他們還會一起討論。漸漸地，晉獻公不僅沉迷於驪姬的美色，更對她的聰慧癡迷著。

看著身邊的美人，晉獻公覺得即便將天上的星星摘下來送給她都不為過。於是，他便命人建造榆樹梅林專門給驪姬玩耍。

林子建了一半不到，驪姬懷孕了。懷孕的女人會變醜，她擔心變醜的自己被晉獻公看到。晉獻公喜歡征戰，驪姬就趁機勸說他去討伐別國。晉獻公把榆樹梅林交給驪姬去完成，自己

成功的女人
都是狠角色

率領上軍，太子申生率領下軍，討伐霍、魏、耿三個小國去了。

　　她種了一大片的榆樹梅，在榆樹梅林中間挖了一個大池，來年夏日裡榆樹梅花開了，她可以在大池裡沐浴。晉獻公喜歡聽戲，池子旁邊建個亭子，亭子對面搭個戲臺。他們可以在亭子裡面看戲。榆樹梅林很快建好了，晉獻公還沒有回來，驪姬只好獨自去看戲。

　　一日，驪姬到林子裡，只見一個優伶在唱戲。她走近，見他沒有穿戲服，濃眉大眼，是個俊美的年輕男子。年輕的優伶不僅長相俊美，聲音更是悅耳動聽，一出烽火戲諸侯，徹底俘獲了驪姬的心。

　　這個男人叫優施，也許此時驪姬並不知道，以後優施將會帶給她多少幫助與傷害。但此刻，她徹底沉淪了。

　　驪姬與優施正如膠似漆時，晉獻公帶著勝利的捷報班師回朝。當晚，驪姬腹痛難忍，生下一個公子，取名奚齊。

　　最初，驪姬慶幸及時生下奚齊，晉獻公沒有看到她懷孕時臃腫的模樣。但愉悅的心情很快便被憂慮取代，她一再聽到晉

驪姬

獻公宣揚戰績，每提到太子申生時都誇讚有加，便開始對未來
有了些許慌亂。

「晉獻公年紀大了，他不久就會仙去，申生順理成章繼承
王位。但申生不是晉獻公，他不會像晉獻公一樣給我想要的一
切東西。」驪姬感覺到了威脅。

優施的戲文裡有新君登基，屠戮後宮的情節。有個鄭莊公
是個大孝子，尚且逼逐生母，何況驪姬只是申生的庶母。

她想到戲文裡父死娶庶母的故事，於是心生一計，試圖誘
惑申生讓他成為自己的靠山。驪姬誘導晉獻公將太子申生召回
來，趁晉獻公不在時，邀請太子前來赴宴。為了讓申生上鉤，
驪姬整整花費一個下午的時間去梳洗打扮，就算面對晉獻公，
她也不曾如此大費周折。

驪姬忐忑不安等待申生時，太子卻帶了他的老師——太傅
杜原款一同赴宴。

席間，驪姬離座給申生斟酒，申生趕忙起身。驪姬背對著
太傅，臉朝申生，擋在兩人之間。申生雙手握住酒觴，驪姬對
他嫵媚地笑笑，手輕輕搭在他的手上。這一笑，是個男人都會

成功的女人

都是狠角色

酥軟，她的手柔軟細嫩，是個男人都會忍不住想握住親一口。而她面對的申生是二十出頭的年輕男人，血氣方剛。驪姬甜蜜地笑，想像著申生醉倒的神情。

申生確實氣喘了，確實動了。他的手重重一抖，甩脫她的手，「硪噹」一聲，酒杯重重地摔到地上。他慌忙跪下：「申生該死，請母親恕罪。」

申生的失態讓驪姬失望至極，他不是男人！她壓住怒火，直到這場晚宴結束。之後她擔心：若申生去晉獻公面前告我的狀，我不是死定了？我得搶先一步去見晉獻公！

驪姬想起年幼時，自己因為淘氣被樹枝扎傷，便把氣出到宮女身上。為了懲罰宮女，她對父親撒謊說是宮女將她推到樹幹上，最終，那個宮女被砍掉了手指。

其實，驪姬清楚父親知道她在說謊，但是她有父親的憐愛，自然可以為所欲為。如今，驪姬在晉獻公身上也得到了這種憐愛，她需要做的就是想盡辦法除掉晉獻公的公子們。

見驪姬進來，晉獻公支退眾人，摟住她，一番親昵，並很快注意到懷中的女人一臉愁容。驪姬搖搖頭，說沒有什麼事。

驪姬

晉獻公看她悶悶不樂，不依不饒地追問。在他一再追問下，驪姬抱住他大哭：「太子趁妾給他斟酒的時候，偷偷摸妾的手。」

晉獻公大驚，雙手抓著驪姬的雙肩，盯著她：「真的？」

驪姬哭得梨花帶雨：「有可能只是不小心碰到。但是妾知道太子覬覦妾，今天雖然只是碰了一碰，但接下來，嗚嗚⋯⋯妾該如何自保啊，嗚嗚⋯⋯」

晉獻公開始在房間內踱步。

「太傅杜原款也在場，妾拂開太子手的時候，嗚嗚⋯⋯太子的酒杯掉了。大王若不信，可以問太傅是否有此事。嗚嗚⋯⋯幸而太傅沒有看到太子的動作，否則妾怎麼活啊，嗚嗚⋯⋯大王也可以問宴席間的侍從，是否有此事，嗚嗚⋯⋯」

晉獻公的步伐越來越快，越來越重，震得地板發顫。驪姬揚揚得意。

次日，晉獻公怒氣衝衝回來，想必是求證過太傅和侍從了。驪姬乘機悄悄對晉獻公說，曲沃是宗廟所在，宗廟是社稷根基所在，不如大王派太子守曲沃？晉獻公頓時醒悟，誇了她一番。這件事告一段落，晉獻公有時候開玩笑說：「立奚齊為太子如

成功的女人
都是狠角色

何？」驪姬馬上反對：「大王，這麼說折煞妾身了。妾現在有大王庇佑，只求個母子平安。」

晉獻公誇她賢慧，沒有將此事放在心上。驪姬心裡卻惦記上了：兒子當了太子，不是比她去依附申生或者其他公子更為穩妥嗎？

驪姬開始考慮如何讓晉獻公真的立奚齊為太子。現在申生失寵了，還剩兩個公子：重耳和夷吾。太子之位接下來很可能落到向來有賢名又是長子的重耳身上，而夷吾也對這個位子虎視眈眈。驪姬將面臨更多的敵手。

驪姬去找優施商量，優施比她懂得多，她一直覺得優施更像她的男人。他們想了很久，優施向驪姬要了重金，作為賄賂送給梁五和東關五兩位大夫。

說起來，晉獻公與驪姬算是如膠似漆了，可是他們又都另有所愛。晉獻公不僅喜歡嬌豔的女人，還喜歡俊美的男子。而這梁五和東關五，官居大夫之位，事實上還身兼晉獻公的男寵，被人們稱為「二五」。

過了不到一月，晉獻公就打發重耳去屈邑，夷吾去蒲邑。

驪姬

驪姬問優施怎麼做到的，優施告訴她，梁五和東關五見她備受晉獻公寵愛，早就想要結交她。二五又是貪金之輩，見優施拿出重金，馬上眉開眼笑，答應為他做事。

於是某日朝堂之上，二五向晉獻公進言：曲沃乃是宗廟之所，屈和蒲是邊境要塞，需人主事。既然太子申生已經管理曲沃，掌宗廟，那麼同理，可讓公子重耳管理屈，公子夷吾管理蒲，大王在國都掌控。這樣，國家就穩如磐石了。這一番話句句在理，在場無人能夠反駁。於是，晉獻公的三個公子都遠離了國都。他身邊，就只剩下奚齊。

幾番較量下來，驪姬利用屬於女性的優勢，沒有動用一兵一卒就讓晉獻公的公子們遠離朝堂。然而，她並沒有滿足，一切才剛剛開始。

雖然晉獻公三番五次提起要立奚齊為太子，但驪姬明白只要申生、重耳還是晉國名正言順的王子，她年幼的兒子繼位希望就很渺茫。

申生是嫡長子，重耳是長子，又頗有威望，奚齊只是一個乳臭未乾的庶子，無論從任何方面來講，都沒有資格擔任太子。

成功的女人
都是狠角色

為了提高奚齊的地位，驪姬想到只要她成為夫人而不是姬妾，奚齊自然就是嫡子，立為太子就會名正言順許多。

為了讓晉獻公就範，驪姬每天都會去申生的母親齊姜夫人屋裡坐坐，時間久了，晉獻公好奇問：「妳天天來此處是為何？」

驪姬哭泣道：「臣妾只是羨慕姐姐死後可以與大王埋葬在一起，想到我百年之後就要與大王分離因此心痛不已。」看著美人梨花帶雨的模樣，晉獻公自然捨不得，於是立即下令封驪姬為夫人。

奚齊有了名正言順的身分，驪姬要做的第二件事，就是除掉申生。此時申生已經累積了赫赫戰功，得到了朝野上下的稱讚。驪姬因此常在晉獻公耳邊說，太子功高蓋主，越來越不將大王放在眼裡。起初，晉獻公並不在意，但這樣的話聽多了，不免心生疑慮，況且申生在朝廷上的地位確實越來越高。

懷疑的種子一旦種下，就會肆意瘋長。驪姬見時機已到，決定一舉將申生剷除。她派人告訴申生：「大王夢見你的母親齊姜，她的忌辰快到了，你去曲沃祖廟祭祀祭祀她。」申生是

驪姬

個孝子，便馬上去祭祀。

祭祀完畢，申生按規矩將祭祀用過的酒和肉送進宮中，給晉獻公和驪姬食用。趁晉獻公出去狩獵時，驪姬將毒粉撒到酒肉中，等晉獻公回宮。

晉獻公回宮後，驪姬將食物呈上來。當然，這些供品自然沒有進入晉獻公的口中，而是被驪姬早就安排好的狗吃掉了。結果可想而知，晉獻公大怒，決定處死申生。

申生聽到這個消息後，縱然明白這是驪姬的詭計，卻不忍心因為自己的揭發讓父王失去寵妃，於是自殺身亡。申生死後，驪姬沒有停止殺戮的步伐，她設計將重耳與夷吾趕出晉國，並處死很多反對她的大臣。不久，晉獻公立奚齊為太子。周襄王元年冬，晉獻公病逝，太子奚齊為新君，而驪姬則是太后。

異國他鄉，手染鮮血，驪姬在晉國步步為營這麼多年，等的就是這樣一個時刻，即便這個時刻是如此的短暫，想必她也滿足了。畢竟，她曾經是戰敗國送來的賠償品，而她要的只是屬於女性的尊嚴，如今她都做到了。

成功的女人
都是狠角色

　　回首驪姬的一生，以美色取得了晉獻公的專寵，奸狡詭詐，獻媚取憐，逐步博得晉獻公的信任，染指朝政。她使計離間了獻公與申生、重耳、夷吾父子之間的感情，讓獻公與親生兒子之間互相猜忌，把諸公子紛紛逼得遠走他鄉。她暗中下毒，栽贓陷害申生。獻公大怒，太子申生身背惡名，無法洗雪，無奈自殺了斷。

　　從踏入晉國那片土地開始，驪姬就已經忘記了什麼是愛與善良。但我們無人可以否認她的所作所為，畢竟在後宮那種地方，對敵人心軟就是將自己推入深淵。

秦宣太后

心若不狠，
地位不穩

　　她是來自楚國的普通女子，卻在秦國土地上大放異彩，為了幫助兒子奪取皇位，大開殺戒；為了穩定江山，不惜犧牲名聲與貞潔。當愛情與權力發生衝突時，她果斷處死情夫，行為狠辣，手段殘酷。但是，若沒有她這般剛毅果斷，殘酷無情，

成功的女人
都是狠角色

就很有可能沒有後來秦國一統天下的局面。她便是千古太后第一人，秦惠文王之妻，秦昭襄王之母，秦始皇的高祖母——秦宣太后羋八子。

她是中國歷史上第一位太后，太后的稱謂由她而始，也是中國歷史上首位臨朝執政的太后，開創了女性執政的先河。她在位期間，輔佐幼子登上皇位，染指政治，在列國群雄之間以巾幗不讓鬚眉之勢左右著整個戰國的時局。在她強勢的管理下，秦國從一個已經瀕臨滅國的弱國逐漸走向強大，為後來秦始皇掃滅六國打下了牢固的基礎。

對於秦宣太后的出身，《史記》上只有寥寥數筆，「（秦武王）弟立，為昭王。王母宣太后，楚女也。」有人據此推測，羋八子可能是陪嫁來的媵妾，受身分的影響，她也只能在秦國的後宮默默無聞，一直到秦惠文王去世。

從歷史上看，秦宣太后掌權後的人生簡直是彪悍至極，但是她在秦惠文王病逝前，只是一個小小的八子，在當時的秦國，妾的品階從高到低分為：夫人、美人、良人、八子、七子、長使、

少使等，因為地位低下，秦惠文王又沒有給她賜封號，她姓羋，就被稱為羋八子。

即便只是一個八子，能接連為秦惠文王生下三個兒子，這說明羋八子在當時還是很受寵的。之所地位低，大概只是因為出身不好。

西元前三一一年，秦惠文王去世。秦惠王后的兒子嬴蕩即位為秦武王，而羋八子年幼的兒子嬴稷卻被當做人質遣往了燕國。事已至此，年僅三十歲的羋八子只能在後宮一天天等待，等待屬於自己的時機。

如果羋八子在秦國無依無靠，她可能會接受命運的安排，在異國的後宮中等待老去。可是她身後還有從楚國帶來的一群人。這些人的命運與她維繫在一起，他們如她的棋子，而她則像一個強大的棋手，她安置這些人在關鍵的位置蓄勢待發，等待有一天可以贏得最終的對弈。

武王即位後，一改他父王在位時低調內斂的行事作風，開始重用力氣大的勇士，最終因舉鼎喪失了性命。消息傳開後，有人歡喜有人憂，當然對羋八子來說這是一個絕佳反擊的機會。

成功的女人
都是狠角色

她來不及歡喜與憂愁，一心為兒子登基謀劃著。

羋八子同母異父的弟弟魏冉，早在秦惠文王時期，就已經在秦國任職。此時他挺身而出，和姐姐以及背後撐腰的燕、趙兩國一起，擁立自己的外甥公子稷為王。秦惠文王的兒子眾多，惠文後和秦武王的嫡妻武王后婆媳倆共謀，要擁立公子壯為王。

王位只有一個，千鈞一髮之際，誰掌握了先機，誰就有了登上至尊寶座的主動權。在眾多人擁立武王的嫡親兄弟公子壯為王之時，魏冉第一個站出來反對，在樗里疾與羋戎的附和下，立公子壯的提議不了了之。

天時地利人和之下，公子稷登基為秦昭襄王，羋八子稱太后，是為宣太后。新皇年幼，自然由宣太后主政，被封為將軍的魏冉從旁輔政。

公子壯眼見著本該屬於自己的王位被別人奪取，他心有不甘，便到處遊說，希望可以得到更多的支持。在秦武王的母親與王后及大臣的擁立下，公子壯在咸陽即位，稱「季君」。他們聯合發動政變，企圖將公子稷從王位上趕下去。

成王敗寇，手握兵權的魏冉，平定了王室內部的叛亂勢力，

秦宣太后

先後誅殺了惠文后、公子壯和公子雍，並將秦武王后驅逐至魏國，肅清了與秦昭襄王不和的諸公子。這場長達三年的王位爭奪戰，經歷了血淋淋屠殺過後，最終以秦宣太后集團的勝利而告終。

從為子奪位的過程可以看出，宣太后從來就不是柔弱的女性，任何人如果拿鄙視女人的眼光來看她，必將自嘗苦果。從此，宣太后獨攬大權，外戚威震天下，她憑藉強悍的政治手腕和遠見卓識，逐漸實現了秦國的安定繁榮。在她殺伐果斷、重用賢臣、建立外交等政策之下，虛弱的秦國漸漸強大了起來。既然已無內憂，野心巨大的秦宣太后將目光放到了一統天下上。

秦宣太后之前，秦國前幾代君王也一直野心勃勃企圖稱霸天下。但是北部的義渠部落一直是秦國歷代君主的心腹大患，它擋住了秦國北上的道路。而且義渠人兇猛強悍，擅長騎射，經常以少數士兵就能讓秦國軍隊束手無策。

秦惠文王時期，秦出兵伐魏，攻佔了魏西河郡和上郡，然後和義渠產生摩擦，秦國趁著義渠國內亂，派兵攻打義渠，順

成功的女人
都是狠角色

便平定了他們的內亂,而義渠也理所當然地臣服於秦。不過,義渠雖然表面上歸屬了秦國,但在季君之亂的三年,義渠王看秦國的實力漸漸變弱,便漸漸不將秦國放在眼裡了。

秦昭襄王即位時,前來朝賀的義渠王桀驁不馴,對秦王非常不屑,大有反叛之意。在這種情況下,滅掉義渠是秦國的當務之急。如果一直養虎為患,只怕將來會對秦國造成巨大危機。

與秦惠文王不同的是,秦宣太后不想將武力浪費在義渠這片蠻荒之地上,也不想因為戰爭犧牲掉義渠部落那些善戰的駿馬。她知道如果可以將敵人的一切收為己用,他日這些物資必然會成為秦國統一天下的利器。為了達到目的,一個長達三十年的計謀,在年輕貌美的秦宣太后心中悄悄地孕育著。

利用秦昭襄王登基的機會,宣太后將義渠王請進宮中,並且以禮相待。驕傲自大的義渠王其實早已窺視著太后的美貌,如今,見到這個最有權勢的女人,竟然也在小心翼翼地討好自己,心中便更加得意起來。

兩個人第一次私下會面,就心照不宣地達成了某種默契。

秦宣太后

義渠王回到義渠領地後不久，就收了宣太后的來信。兩人筆墨傳情，互通款曲。不知從哪一天開始，這位義渠的首領竟然明目張膽地住進了太后的寢宮，從此徹底成為了秦宣太后的裙下之臣。

而秦宣太后對義渠王的感情似真似假，誰也不知道她真正在想什麼，但可以肯定的是，兩人以夫妻的形式居住在秦宮多年，甚至還生下兩個兒子。

或許在義渠王眼裡，宣太后是他無法割捨的催情劑；但誰又能說，這個狡點的女人，不是男人們的麻醉劑呢？義渠王在不知不覺的麻痺下，早已經將秦國當作是自己的國家，將秦昭襄王當成了自己的兒子。

對於從小生長在草原部落的義渠王來說，接收一個首領的女人就等於接收了這裡的一切，他所得到的都是天經地義的東西。但是他忽略了，不論秦朝的後宮還是前朝的王位，都從未承認過他是這裡的男主人，這個傳統只有他一個人認可而已。而且他忘記了，男人一旦放下武器，就會變得軟弱，並終將毀滅於危險的境地。

成功的女人
都是狠角色

　　不再沉湎於殺戮的義渠王，整日迷醉於酒色之中。在甜軟的枕邊風吹拂下，他一心為秦國著想，甚至將草原上大量的駿馬源源不斷地運進秦國，大大地加強了秦國的力量。從此，義渠不再是秦國的後顧之憂，反而成了最得力的幫手。在秦宣太后的授意下，秦兵將義渠部落一點一點地蠶食著，就連他們彪悍的戰鬥作風也學得有模有樣。

　　三十年過後，秦宣太后眼中的義渠王已經毫無利用價值，她不想再留這樣一個男人在自己的寢宮。名聲雖然不重要，但她與兒子秦昭襄王的感情還是需要維護的。兒女情長從來不是她所在乎的，權力才是她最終夢想。

　　西元前二七二年，宣太后派人傳信給義渠王令其進宮，當時義渠王並未覺察到異常，在他看來，這不過是他的女人思念他罷了，卻不知甘泉宮早已埋伏了多名殺手。義渠王剛踏入宮門，兩側的殺手立即將他就地正法，也許義渠王到死也不明白到底發生了什麼事情。

　　義渠王死後，秦國沒有給義渠絲毫喘息的機會，即刻派兵攻滅了這個曾經在草原上呼風喚雨的部落。緊接著，秦國在義

秦宣太后

渠的故地上，設立了屬於秦國的隴西、北地和上郡三郡，完全佔有了義渠的良馬與騎兵。

　　秦宣太后充分利用了她身為女性的一切優勢，並將它們發揮的淋漓盡致，她以一人之力，不費一兵一卒，達到了千軍萬馬也達不到的目的。在這之後，秦國不僅擴張了疆土，更讓東進計畫再無憂慮。宣太后用三十年布下的棋局，為自己的後世子孫掃橫六國，統一天下邁出了極為關鍵的一步。

　　或許，只有愛自己的女人，才能做成她想要做的事情。我們無從知曉，秦宣太后對義渠王的真情到底有幾分，但是可以確定，她愛自己遠勝於愛義渠王，否則也不會在義渠王已經放棄義渠的權力後，依然將其殘忍的殺害，就連他們的兩個兒子自那時起也下落不明。

　　尋常女子的喜怒哀樂不過是繡花彈琴，不過是夫家榮辱，而對於秦宣太后來說，男人的存在不過是佈景的更換，誰能讓她的生命更加絢麗，誰就是最好的選擇；生命於她也不過是草芥一般，只要有需要，隨時可以犧牲掉任何人，哪怕那個人已

成功的女人
都是狠角色

經與她同床共枕三十年，哪怕那個人是自己的親生骨肉。

繁雜小事於她，更是不值一提的皮毛。在秦宣太后的世界裡，只有一條準則，那就是：不惜一切代價，成就自己統一天下的夢想。為此，她連楚國都沒有放過。宋朝有詩人說：「近鄉人更怯，不敢問來人。」遠離家鄉，迫切想要知曉家鄉的消息，但又不敢問。

每一個遠離家鄉的人，都會對那個遙遠的地方有種不可言明的情愫。然而對秦宣太后而言，楚國那片土地她喜歡卻沒有思念，對付起家鄉從未手軟，彷彿楚國本就是她的囊中之物。

當秦宣太后剛執政時，秦國正因遭受「季君之亂」導致民不聊生，為了讓秦國有喘息的機會，她利用與楚國的舊情選擇聯姻。

秦楚聯姻，遭到了魏韓齊的抵制。不知為何，他們將怒火一致對向了楚國，而任由秦國發展。三國聯合伐楚，楚國接連戰敗，只好向秦國求助。此時的秦國，不論是經濟還是軍事都已經漸漸復甦。楚國本以為秦國會出手援助，卻被要求必須讓太子去秦國做人質。

秦宣太后

楚國太子去秦國沒多久，就與秦大夫產生衝突，失手將其殺死後，逃離秦國。秦國以此為藉口，聯合三國攻打楚國。楚國承受不住四國圍剿的困境，只好重新與秦國談判。楚懷王不顧屈原等重臣的反對，前往楚國。

剛到楚國，楚懷王就被秦宣太后扣押，逼他割讓楚國一半的土地給秦國。楚懷王死活不答應，最終死在秦國。

楚懷王被扣押時，秦宣太后趁楚國無主，命白起等人殺向楚國，一直打到楚國的國都郢都，燒其祖廟，共殲滅35萬楚軍。一時間，楚國到處血流成河，直接由一個大國變成了一個弱國。

不知秦宣太后在得知楚國的慘狀時，會作何感想，畢竟她也曾是楚國的子民。但是，成大事者不拘小節，沒有戰爭是不需要流血的，如果生出惻隱之心，那麼統一天下就永遠只能是一個夢想。

如果給她足夠的時間，一統天下可能不會是秦始皇的豐功偉績，她老了，最終還是將手中的權力送回兒子的手中。秦宣太后歸政後兩年，壽終正寢。

呂后

女人的安全感，
來自於可以掌控人生

　　在中國古代，坐擁權力頂峰的君主寶座，始終是男人獨有的專利。而對於女人來說，那種可望而不可及的渺茫希望，從來就沒有實現過。這種現狀隨著一個女人的出現而發生了改變。這個女人，就是漢高祖劉邦的結髮之妻，後來貴為一國之後的

呂后

呂雉。

作為一個女人，呂雉在歷史上算是非凡的，以至於直到今天仍有許多人在提到她的狠毒和專權時心有餘悸。在後人眼中，呂雉就是一個殺人不眨眼的女魔頭，為了報復，將情敵砍去雙手雙腳扔進茅房；為了專權奪政，殺忠良殘害無辜百姓；為了坐穩權力巔峰的座椅，扶持外戚殺害劉氏子孫。

然而，以女人的角度來看，她不過是一個遇人不淑的可憐女子。為了可以掌控自己的命運，不得不幫助丈夫殺人進而穩定政權；為了保住兒子的太子之位，不得不遵循「夫可讓，子不可奪」的原則；為了國民生計，不得不與群臣鬥智鬥勇，周旋抗爭……

呂雉從小就被寄予了厚望，呂父對她的婚事一直很上心，然而千挑萬選都沒有一個合適的人選，呂夫人與呂雉不知道到底什麼樣的男子才能入了呂父的眼。

呂家雖然不是什麼名門望族，但呂父卻是一個極其聰明的人。當時秦始皇當政，律法嚴苛，賦稅繁重，男丁不是被拉去

成功的女人
都是狠角色

打仗，就是修補工事。如此一來，舉國上下百姓多生活在水深火熱當中，怨聲載道，民怨沸騰。秦國大勢已去，大廈將傾。呂父將一切看得十分透徹，他深知覆巢之下，安有完卵的道理。他認為，與其給女兒找一個小富即安的家庭，以後也免不了覆滅之禍，不如將她許配給黑白通吃的劉邦，或許可以在亂世中開闢一條蹊徑。

在迷茫與期盼中，呂雉與母親沒有等來王侯將相，也沒有等來青年才俊，而是呂父將女兒許配給區區泗水亭長劉邦的噩耗。這個男人不僅年紀大，且熱衷喝酒、賭博、玩女人。

呂雉無法接受自己嫁給這樣一個流氓地痞，她試圖反抗，然而在那個男尊女卑年代，女人幾乎是沒有什麼地位的，就連呂夫人也無法改變女兒的命運。帶著遺憾與悲憤，呂雉嫁進了劉家，完成了女孩到女人的轉變。劉邦雖然不是呂雉所滿意的，但是她依然努力做好妻子的角色。畢竟在那個時代，三從四德是每個女人都爛熟於心的，呂雉也不例外。

如果秦始皇沒有那麼急功近利，如果項羽沒有揭竿而起，如果劉邦只安心做一個市井混混，呂雉可能會一直忍耐丈夫的

呂后

陌習，做一個相夫教子的妻子。

　　事實證明，呂父有識人的本事，劉邦在一次次戰役中，從一個只有幾人跟隨的小隊長，成為了劉沛公，甚至逼死了項羽，建立西漢政權。

　　然而，呂父只看到了劉邦的人格魅力和領袖才能，卻選擇性地忽視了他的人品。或者說他已經預料到女兒情路上會存在諸多坎坷，但是他認為有一些代價是值得付出的。如此狠心的父親，不知道對呂雉的幸還是不幸。

　　丈夫成為天子，按理說呂雉可以擺脫曾經的貧苦與苦難，安心做一個母儀天下的皇后了。但是，如今的呂雉早已經不是當初那個逆來順受的小姑娘，跟隨劉邦打天下時，她早已經看透了枕邊人的薄情寡義。

　　這個男人，在逃亡中，為了讓馬車可以跑得更快，甚至下令扔下親生骨肉；在與項羽對峙時，可以不顧在敵人手中的父親與妻子，談笑風生；在呂雉為俘虜受盡侮辱時，可以帶著戚夫人，日夜笙歌。

　　呂雉也是一個非同一般的女人，她的虎狼心性徹底被多年

成功的女人
都是狠角色

爭戰環境磨練了出來，關鍵時刻的孤注一擲和果斷狠辣讓眾多男人望其項背。

劉邦將「帝王無情」四個字詮釋得淋漓盡致，呂雉也決心不再做一個賢良淑德的妻子。女人的安全感，從來不在於她的男人有多強大，而是在於能否掌控自己的人生。

♛

劉邦登基後，身邊除了戚姬，還有了薄姬、曹夫人等眾多美女，對於陪他共患難的呂后，他早已經忘到了腦後。同樣，此時的呂后也不再將希望寄託在劉邦身上。

與劉邦十幾載的生活中，呂雉早已經明白，這個世界並不是你隱忍、謙讓、大度，就對你格外友好。反之，你只有掌控了權力，有了不可替代的作用，在後宮前朝，才會被真正重視。此時，呂雉早已將劉邦的寵愛視若無睹，更加不會與那些貌美如花的妃子爭寵。她要的，遠遠不止這些。

面對絲毫不念舊情的劉邦與野心勃勃的戚夫人，呂雉明白如果想要坐穩皇后之位，太子必須是自己的兒子劉盈。果斷的呂雉迅速啟動全方位的措施，只為保住劉盈的太子之位。

呂后

　　她拉攏朝中肱骨大臣，絲毫不理會劉邦與戚夫人之間的恩恩愛愛，自然也不懼怕戚夫人想要扶持兒子劉如意為太子的野心。當劉邦在朝堂上提出廢太子的提議時，朝臣們一致反對的狀態才是呂雉最想要的。也許，劉邦也沒有想到，江山想要留給誰他已經做不了主了。

　　為了避免劉邦再生廢太子之心，呂后求計於對漢室江山懷有巨大貢獻的張良，並在後者穿針引線下，請出了就連劉邦都無法請動，德高望重的「商山四皓」作為兒子劉盈的賓客。這樣一來，劉邦就誤以為太子已經羽翼豐滿，自然打消了廢長立幼的想法。

　　成功地鞏固了太子的地位後，呂后接下來要做的事情就是樹立自己的威望。而在這樣的一個過程中，呂后所做的最為著名的一件事，就是殺掉為建立大漢天下作出過巨大貢獻的韓信。

　　在「漢初三傑」中，運籌帷幄之中、決勝千里之外的張良，已在漢朝建立後就過著半隱居的生活，早就威脅不到劉家的統治大業。而一向溫和內斂的蕭何也不是那種懷有野心的人，而

成功的女人
都是狠角色

且在政權建立後，更是急需他這樣可以推行穩定大計的傑出人才。這樣一來，只有領兵多多益善、作戰出奇制勝的韓信，才是劉邦和呂后的心腹大患，更何況韓信在當年的楚漢之爭中，還在劉邦最為危急的時刻做出過要脅劉邦封其為王的事情，剷除韓信成了呂后首當其衝樹立權威的舉措。

在呂后真正除掉韓信之前，登上皇帝寶座後的劉邦也曾懷著同樣的目的來對待韓信。他先是將韓信由齊王改封為楚王，又由楚王貶為淮陰侯，最後又將韓信廢為平民。但是因為劉邦曾與韓信有過「見天不殺，見地不殺，見鐵器不殺」的約定，所以也不好背棄約定對其下手。

心狠手辣的呂后偏偏巧妙地利用了這個約定，用布將被捕後的韓信包了起來，然後用竹籤將其刺死，也確實履行了「見天不殺，見地不殺，見鐵器不殺」的約定。而她的這一做法也確實收到了殺雞儆猴的作用，滿朝文武見她連韓信這樣的有功之臣都敢殺害，不免都對她更加畏懼。

此後，在劉邦剿滅了另一功臣陳豨後，呂雉又指使人誣告最後一位異性王彭越謀反，並由此徹底剷除了可能危及到社稷

呂后

穩定的全部憂患。此時，就連劉邦對呂雉也多了幾分敬重，更何況大臣與後宮的妃嬪。可見，女人要有真本事，才能為自己爭取更多的尊重與認可。

　　經歷過逃忙與失寵的低谷後，呂雉不僅挺了過來，還用她沾滿鮮血的雙手為自己在前朝建立起屬於自己的關係網絡，整個人像脫胎換骨般，開啟了全新的生活。

　　人們經常說呂雉是千古毒婦第一人，卻沒有想過如果她不用自己獨特姿態從男尊女卑的時代脫穎而出，人們可能只會記得她是東漢開國皇帝的糟糠之妻。

　　終於，劉邦去世了，呂雉也就有了名正言順干政的機會。她先是極端殘忍地殺害了戚夫人及其兒子趙王如意，接著又在新帝劉盈不理朝政的情況下，名正言順地開始處理各項朝政。當劉盈僅僅做了七年的傀儡皇帝後死去時，呂后又先後立劉恭、劉弘為皇帝，但始終把朝中大權牢牢地掌控在手中。此時，呂雉已經深陷在權力的漩渦中無法自拔。她已經不再滿足太后的位置，而意在「偷天」。

成功的女人
都是狠角色

　　當然，更殘忍的還在後面。呂雉看到兒子為了外人跟自己產生嫌隙時，憤怒之下派人將戚夫人斬去四肢，熏聾雙耳，挖掉雙目，又以啞藥將她毒啞，投於茅廁之中，稱為「人彘」。戚夫人就這樣求生不得，求死不能，三天後痛苦地死去。

　　呂雉有多狠毒，用漢惠帝劉盈的話說，那就是「人彘之事，非人所為，我作為呂雉之子，都沒有面目再治理天下」。不僅如此，此時的呂后已經徹底背棄了劉邦臨死前訂立的關於非劉氏後代不能封王的「白馬之盟」。

　　她一方面用血淋淋的手段對付劉氏家族的後代子孫，一方面又有意識地使呂氏家族中的子孫佔據朝中要職，在不知不覺中一步一步地篡奪著劉家的天下。

　　朝內、朝外雖然反對力量無窮，但是礙於她強硬的手腕，萬馬齊喑，無人敢發聲。在呂后最終臨朝稱制後，她又封姪呂台、呂產、呂祿等人為王，而且極力排斥漢室老臣，進而建立起完全由呂氏家族執掌的國家統治階層，直到她在長達八年的統治後，最終病逝的那一天，這種不得人心的朝野格局才宣告徹底結束。

呂后

她不是一個良善之輩，為達目的不擇手段，兇殘刻薄才是她的本性，但是誰也不能否認她超群出眾的政治才能。

呂雉憑著巾幗不讓鬚眉的氣度與能力，成為了歷史上第一個敢於站出來向男性皇權說「不」的女人，並且透過臨朝稱制等一系列措施，不僅開外戚專權之先河，進而變劉家江山為呂氏天下，而且也利用卓而不群的謀略與手段，讓天下男人無不對自己俯首稱臣，甘心拜倒在石榴裙下，成就了歷史上第一個執掌國家大權、政績卓著的巾幗梟雄。

在亂世之中，多少人運如飄萍，命如草芥，一個女人能夠凌駕於眾多鬚眉男子之上，叱吒風雲，縱橫捭闔，單單就這一點，她就可引得我們無限的欽敬。

被丈夫拋棄的滋味，只有嘗試過才知道；第一次殺人的感覺，要經歷過才明白；手握大權的安全感，要擁有了才深有體會。每個後宮的女人都希望可以得到皇帝的寵愛，遠離那些暗不見光的紛爭，在骯髒的權謀中，有一個可以依靠的肩膀。可是，幸福從來不會如此簡單，它一直被虎視眈眈地注視著，或許是某個窺視妳地位的妃子，或許是某個想要傷害妳的兒子，

成功的女人
都是狠角色

更或許是妳的枕邊人……

　　只要妳有對權力的欲望，並不擇手段的擁有它，即便付出了流傳千古惡名的代價，至少為自己爭取了至高無上的權力與榮耀。

卓文君

拿得起放得下，做最勇敢的自己

　　婚姻就像一座城堡，需要用心經營，但即便再用心，也有亮起紅燈的時候。古往今來，有多少女人，從起初對婚姻充滿嚮往到深夜暗自流淚；又有多少女人，面對支離破碎的婚姻放下尊嚴苦苦挽回；還有多少女人，在面對婚姻的種種情況下，

成功的女人
都是狠角色

活出了自己。

　　兩千多年前，在鼎盛的西漢王朝，有一個打破陳規的奇女子，一生敢愛敢恨，不怕世俗的目光。愛情來臨時，她力排爭議敢於選擇，婚姻亮起紅燈時，睿智果斷地爭取幸福。

　　她就是寫下「願得一人心，白首不相離」的卓文君，一生敢愛敢恨，活出了多少女子嚮往的模樣。

　　在認識卓文君之前，司馬相如不過是個生活潦倒的文人。漢景帝對他這類文人不喜，縱然他一身文采卻沒有施展之處。幸虧依附梁孝王才勉強度日，梁孝王去世後，司馬相如去投奔好友王吉。

　　前途未卜，生活潦倒，任誰也沒有想到，這樣的司馬相如居然娶到了富商卓王孫才貌雙全的女兒卓文君。

　　卓文君出身富貴之家，琴棋書畫樣樣精通，是古代「四大才女」之一。司馬相如來到四川時，卓文卓剛剛歷經喪夫之痛，正住在娘家。本來不可能相識的兩個人，卻因一場宴會結識，進而演繹了完美的千年之戀。

卓文君

宴會舉行那天，女兒身的卓文君自然不能出席，但是家裡人為了排解她的憂思，便讓她在帷幕背後。無意中，她窺見「一座盡傾」的司馬相如，沉寂的心漸漸有了隱隱鬆動的跡象。

司馬相如雖然沒有見過卓文君，卻早已經對她的才氣如雷貫耳，傾慕不已。他知道，此時的卓文君正在帷幕背後，為了表達愛意，他特地彈奏了一曲《鳳求凰》：

鳳飛翱翔兮，四海求凰。

無奈佳人兮，不在東牆。

將琴代語兮，聊寫衷腸。

我就像那在空中迴旋高飛的鳳鳥，在天下各處尋覓著凰鳥。可惜那心中的佳人啊，未曾住在我家東牆鄰近的地方。我以琴聲替代心中情語，來描寫我內心的情意。

一首充斥著男女之情的靡靡之音，在卓文君聽來卻是高山遇流水。直率熱烈的措辭，溫潤了卓文君乾涸已久的芳心，開始時小小的漣漪已成了驚濤駭浪。當宴會上眾人為之叫好時，撫琴的司馬相如已經與帷幕後的卓文君心意相通。拋開一切，以音律談情說愛，他們的愛情開頭就已經美得讓人心醉。

郎有情，妾有意，一拍即合，毫無懸念。比起更多人的愛

情，他們之間似乎愛的更純粹些。此後，司馬相如便經常出入卓府，二人談詩詞說歌賦，你彈琴我喝曲，在琴棋書畫中便將對方認定為彼此生命中的唯一。

花好月圓的日子沒過多久，他們的事就被家裡發覺，司馬相如身無官職，家徒四壁，自然不會被卓家認可。但這些對已經歷經喪夫的卓文君根本不重要，她要的只有愛，無關乎功與名。為了擺脫封建家庭的束縛，她決定與司馬相如私奔。

文君夜奔，消息很快就傳了出去，鋪天蓋地的議論聲如瘟疫般傳了開來。在封建社會，女人的一言一行都會被監視，如果出一點差錯，輿論就會要了她們的命：

莫泊桑筆下的巴蒂斯特太太，十一、二歲因遭受強姦而永遠在同伴之間抬不起頭來。無論走到哪裡她都是人們議論的對象，最終變得沉默不語。幸好，她遇見了可以接受她過去的男人，但是人們似乎不願意放過她，最終巴蒂斯特投河自盡。

民國女神阮玲玉，她是將無聲電影徹底演活的藝術家，但生活似乎沒有打算放過她，前男友張達民一次次暴露他們曾經的往事，情人唐季珊頻繁地更換女友。人們在欣賞她演技的同

卓文君

時，更熱衷於她那些桃色情事。在輿論的紛擾下，她用一包安眠藥結束了本該風華絕代的一生。

……

古往今來，這樣的女人不計其數，沒有人關心她們經受了什麼，也沒有人關心她們是否是受害者。人們習慣用貞操二字去束縛她們，一旦有一點逾矩，傷害便鋪天蓋地而來，至死方休。卓文君深諳這個道理，卻絲毫沒有在意，她認為去追求幸福沒有任何的過錯，自然不會去理會那些言論。她敢愛敢恨、毅然決然，這樣獨立的個性連司馬遷都為她點贊。

私奔後的卓文君不僅沒有受到輿論的影響，甚至為了她和司馬相如的生計，在司馬相如的家鄉臨邛開了一個酒館。

如果我們可以回到兩千多年前，就會看到這樣的景象：一個氣質出眾的女人荊釵布裙，風風火火地張羅著小酒館的生意，一個充滿文人氣息的男人典衣沽酒，今朝有酒今朝醉。他們清貧卻恩愛著，也將普通百姓的生活過成了詩。

卓文君是成功的，她雖然拋棄了錦衣玉食的生活，卻獲得一份令後人羨慕千年的愛情，這歸功於她的勇敢，她的不拘小

節，她的通透。

有人說：唯有熬過黎明前的黑暗才能看見絢爛的黎明，唯有經歷過破繭的痛苦才能享受飛翔的快樂，司馬相如歷經了諸多苦難後不僅娶到嬌妻，仕途上也迎來了第二春。漢景帝去世後，漢武帝繼位。相比於漢景帝，武帝更喜歡詩詞歌賦。當他無意中看到司馬相如的《子虛賦》後，便將司馬相如召進宮中。

司馬相如依依惜別卓文君後，來到長安，拜見漢武帝。為了證明《子虛賦》是他親筆所作，司馬相如在漢武帝面前又寫下一篇《長林賦》，不僅辭藻華麗，還對王侯將相奢侈之風表示了譴責，並且表達了對祖國統一的渴望。

司馬相如在仕途上接連受打擊後，已經漸漸放下了曾經的傲氣，學會了揣摩聖意。漢武帝早就表現出要一統天下的決心，《上林賦》可能是司馬相如有感而作，但不可避免地摻雜了對漢武帝的討好之意。

漢武帝看後，彷彿覺得文中山林鳥獸、舞榭樓臺、宮室苑囿、嬪妃宮娃、宴飲遊獵皆在眼前，更加堅定了統一天下的決心。不久，漢武帝封司馬相如為郎官，侍奉在左右。

卓文君

　　封官後，司馬相如第一件事就是將卓文君接了過來。卓文君來到長安後，經常為司馬相如出主意，幫助司馬相如寫出了更多優秀的文章，進而越來越受到漢武帝的賞識。

　　好花不常開，當司馬相如一步步高升時，卓文君已不復當年的風采，即便是學富五車的才女，也逃不過時間的侵蝕，容顏老去，皮膚鬆弛。司馬相如對卓文君早已經失去了當年的激情，如今又是春風得意之時，有很多女子投懷送抱。

　　隨著誘惑的增多，司馬相如體內的風流之氣也漸漸迸發了出來，他邂逅了一位茂陵女子，並不可救藥地愛上了對方，一心想要納其為妾。此時的司馬相如或許早已忘記了曾經和髮妻的攜手夜奔，曾經的當壚賣酒。而卓文君，也從他眼中的唯一風光，漸漸淡成了背景。

　　為了表示尊敬，司馬相如寫下一封家書，將自己打算納妾的消息告訴妻子。在古代，男人三妻四妾是正常的事情，然而卓文君不一樣，她曾經願意背負輿論與司馬相如私奔，如今就不可能容忍他們之間的愛情出現第三者。

　　她沒有像其他夫人那般大度接受丈夫納妾，也不打算逆來

順受，更不希望別人用「大度」這個詞去形容自己。於是她寫下了一首名為《訣別書》的詩，作為對丈夫的回應：

朱弦斷，明鏡缺，朝露晞，芳時歇，白頭吟，傷離別，努力加餐勿念妾，錦水湯湯，與君長訣！

不遷就、不妥協，你若無情我便休，這就是卓文君，敢愛敢恨的卓文君！與《訣別書》相伴的，還有一首《白頭吟》：

願得一心人，白首不相離。

這應該是天下所有女子對婚戀的期許。不管是《訣別書》還是《白頭吟》，都代表了卓文君的態度。她不能忍受出現瑕疵的愛情，但是依然珍惜擁有過的一切。

當悲切的《白頭吟》與決絕的《訣別書》送到司馬相如手上時，他想起了曾經那個風華絕代的女人為了他拋下一切，為了他終日勞累，曾經的柔情蜜意彷彿就在昨天一般。他瞭解卓文君的性格，如果自己執意納妾，卓文君一定會與他訣別。他們重歸於好，從此安居臨泉，直到司馬相如病逝，兩個人一直恩愛有加，成就了一段千古佳話。

這是關於卓文君的婚姻保衛戰。在封建社會中，像她這樣敢愛敢恨，不受世俗眼光羈絆的女子並不常見。她從來不委屈

卓文君

自己，不顧忌那些所謂賢良淑德的美名，因此在捍衛權力時招招致命。但是她並不魯莽，她在嘗試挽回，她知道司馬相如並非無情，只是時光將他們的愛情漸漸轉為平淡，如果一味地咄咄相逼，只會將這個男人越推越遠。狹路相逢，有勇有謀的人才能取得真正的勝利。

其實，很多女人都明白這個道理，但是她們捨不得名聲，同時也患得患失。她們寧可溫良恭儉的自我檢討，一夜無眠獨守空房，也要維持所謂的體面與形象。最終，將所有的苦都吞到肚子裡。

卓文君已經在兩千多年就給我們做了最好榜樣：當愛情來臨時，就要放手一搏，不要顧及太多；在愛中，只有相互付出而不是一味地索取，才能換來真正的尊重；當愛情即將失去時，不委屈不求全，跟著自己的內心去選擇。

她是兩千多年前的才女，也是兩千多年後女人們的榜樣，才女很多，但是將人生活得透徹的才女並不多見。成功的女人，就是要拿得起放得下。

李夫人

狠心的拒絕，
是為自己留下一條後路

在西漢兩百多年的歷史上，除了開國皇帝漢高祖劉邦，漢武帝劉徹的大名同樣在歷史的長河中熠熠生輝。他七歲被冊立為太子，十六歲登基，在位五十年建立了不朽的豐功偉績。西漢在他的統治下成為當時世界上最強大的國家，他也因此成為

李夫人

中國歷史上偉大的皇帝之一。

現今,除了這些可歌可頌的豐功偉績,漢武帝的後宮生活同樣被人們津津樂道。

白居易說:

漢皇重色思傾國,御宇多年求不得;

南齊人王儉說:

能三日不食,不能一日無婦。

作為一個不能沒有女人的男人,漢武帝自然樂衷於選秀這樣的活動,後宮最多時候竟有美女兩萬之眾,遠超過後宮佳麗三千之說。在這些女人中,有四個女人格外令人注目,她們分別是:陳阿嬌、衛子夫、李夫人和鉤弋夫人。

陳阿嬌恃寵而驕,幽禁於長門宮;衛子夫溫婉賢良,卻不得善終;鉤弋夫人受盡寵愛,仍舊逃脫不了被賜死的命運。然而,李夫人卻是一個例外。漢武帝與她,一個是文韜武略的帝王,一個是絕世獨立的后妃,他們一見鍾情,並在後宮上演了一段淒美的愛情佳話,讓無數人感歎惋惜。人們惋惜這段愛情的短暫,感歎後宮中竟有如此純粹的愛情。然而,深宮中從來沒有純真無暇的女人,就算率直爽快的獨孤伽羅,也在深宮中

轉了性，對付起窺視他丈夫的宮女毫不手軟。

一入宮門深似海，在那裡，人人都是帶上面具的演員，李夫人也不可能獨善其身。她是美貌與智慧共存的好演員，從出場到離世，無疑不帶著陰謀的味道。雖然她紅顏薄命，卻死得其所，把自己美麗的倩影永遠地印上了武帝的心頭。活著時她將他迷得神魂顛倒，死後仍讓他念念不忘。李家滿門也因她飛黃騰達，贏得了生前身後名。

李夫人的出場就是一場精心籌畫的戲，層層鋪墊，只為營造一種未見其人，先聞其人的效果。

李夫人本名李妍，出身卑微，只是風月場賣笑的歌女，因絕世出塵的面貌被平陽公主選入府中。

那時，漢武帝已經有些年歲，曾寵冠一時的皇后衛子夫早已年老色衰，成為了昨日黃花，王夫人又因病去世。放眼望去，偌大的後宮竟然沒有一個可心的人兒，這讓漢武帝感到前所未有的寂寞。為了打發的時間，他經常舉辦一些宴會來彌補空虛的內心。

李夫人

那日，漢武帝受邀到平陽公主家中做客。席間，樂師李延年出來唱歌助興，只聽他深情地唱道：

北方有佳人，絕世而獨立，

一顧傾人城，再顧傾人國。

寧不知傾城與傾國，佳人難再得。

漢武帝在此之前並未聽過這首歌賦，歌詞讓本來昏昏欲睡的他突然有了興致。他幾乎搜羅了天下的美女，卻沒有一人可以擔得起傾國傾城這樣的美譽。一想到後宮中那些千篇一律的女人們，愈發的落寞起來，不禁感歎：「歌詞雖美，但世間怎會有如此傾世佳人呢！」

平陽公主聽罷，想到公主府中那個可人兒，知道機會來了，便立即開口道：「陛下有所不知，李延年的妹妹就是一位傾國傾城的佳人，不信您就召她來見見。」

聽到天地間竟真有如此絕色美人，漢武帝頓時有了精神，同意召見那個叫李妍的姑娘前來見駕。這位李姑娘甫一出現，彷彿給華麗的宮殿帶來了一道絕世出塵的風景。

她亭亭玉立地站在那裡，體態輕盈，腰肢纖細，膚色淨白，眼含流波。武帝忍不住深吸一口氣，暗暗讚歎道：果然乃絕代

佳人，姿色無雙。

既然已經俘獲帝王心，接下來的事情便水到渠成。他將她帶入皇宮，從此她由以賣笑為生的歌女，搖身一變為李夫人。

看似是場一見鍾情的愛情童話，卻順利得讓人不免生疑，若沒有事先的籌謀，怎麼會如此天衣無縫。總之，她順利成為了皇帝的女人，李家也跟著水漲船高。

♕

漢武帝一向多情，曾對陳阿嬌許下「金屋藏嬌」的諾言，也曾榮寵衛子夫一家；但他同樣無情，將陳阿嬌軟禁長門不理不問，賜死衛子夫、衛青姐弟毫不手軟。

李夫人是聰明的，她深知一時的寵愛不能代表什麼，長盛不衰才是她最想看到的結果。在掌握男人的心理上，這個出身市井的小姑娘，顯然比從小被驕縱長大的陳阿嬌以及善良的衛子夫厲害得多。

她出身於倡藝之家又美貌動人，怎會不懂諂媚之道？但是面對漢武帝，李夫人並沒有在一開始就表現得多麼熱切逢迎，而是有禮有節、不卑不亢。這種若即若離的感覺，反倒撩撥得

李夫人

漢武帝心潮難耐，欲望橫生。

聰明的李夫人從不將那些諂媚手段用在漢武帝身上，就連才藝也是一點一點地展現，後宮女人數量之龐大，不得不促使她留有新鮮感，進而引起漢武帝的興趣。

有人說平平淡淡才是真，但沒人喜歡與木頭過一生，更何況劉徹是帝王，得天獨厚的條件讓他的選擇性更多。深諳此道的李夫人沒有肆意揮霍自己的優勢，而是將它們都恰到好處地發揮出來。不僅沒有浪費資源，還時刻想著如何創造驚喜。

某日，漢武帝剛下朝，就迫不及待地來到李夫人的宮中，想要看看這個小女人在做什麼。二人還沒有來得及說什麼，漢武帝突然覺得頭癢，李夫人靈機一動將頭上的玉簪摘下，為漢武帝搔癢。

看著眼前女子認真的模樣，漢武帝更加癡迷了，就連玉簪也被大大讚賞了一番。從此，後宮中的女人紛紛效仿李夫人頭戴玉簪。一時間，長安的玉價也跟著高了起來。

憑著出色的容貌與對男人心理的掌控，李夫人進宮後很長

成功的女人
都是狠角色

一段時間，得到了漢武帝獨寵，這樣的寵愛，就連衛子夫也未曾有過。不久後，李夫人懷孕並誕下一個皇子，被封為昌邑王。

盛寵之下，誕下皇嗣。可想而知，李夫人的未來生活將會多麼榮耀。然而，她雖精明美麗，卻逃脫不過紅顏薄命的宿命。懷孕生子，大大折損了她的身體，最終臥床不起，藥石無醫。

病中，李夫人對著鏡子細看自己的面容，不禁悲從中來。那張臉是如此憔悴不堪，蒼白失色，讓她覺得自己再也不是絕色美人了，一時間失望至極，淚雨滂沱。鏡子從她手中滑落在地，摔得粉碎，宛如她正在凋零的心。

此後李夫人不再見任何人，尤其是漢武帝。她不想讓他看到一張病態的臉，幻滅掉他心中的「傾國傾城」。於是她托人轉達了自己的心思給皇上，懇請他不要來她寢宮，以便她安心養病，同時勸武帝將精力多放於朝政上，勿掛念她的病情。

武帝雖然答應了，但閒時還是會思念起她來，而且聽說她的病越來越重，焦慮之下也顧不得其他，就進了她的宮門。

但還未及相見，她已得知陛下駕到，遂連忙用被子蒙住臉，口中幽幽地說：「臣妾長久臥病，容貌早已不復當年，請陛下

李夫人

不要執意相看了，以免失望。我若死後，只請皇上恩典，照顧好兒子和我的兄弟。」

武帝聽後心痛地說：「我知道夫人已經病到無藥可醫的地步，妳就讓朕見一面吧，也許這就是最後一面了，妳還顧忌什麼呢？」

李夫人回答：「女人無法令容顏端莊，不得見君父，現在我這個樣子，實在不敢與陛下相見。」

武帝有點急了，心想：這夫人怎麼這麼倔強啊？而且越不讓見他越想見。

只好又哄勸道：「夫人如果露出面來，我將會賞賜妳千金，並封妳的兄弟做大官。」

李夫人歎息一聲，卻還是倔強地說：「封不封在於陛下您，不在於見不見這一面。」

武帝這顆釘子碰得可真是相當結實，誰違逆過他的旨意？他終於耐不住性子，強硬地伸手去掀被子，李夫人見自己藏不住了，忙翻過身朝向牆壁，捂著臉哭起來。

武帝無奈，心裡又悲又氣，一怒之下拂袖而去。聽到武帝

成功的女人
都是狠角色

出門，李夫人才轉過頭來淚眼朦朧地看著門外離去的背影，一時悲從中來，痛哭失聲。

此時恰逢李夫人的姐妹們來宮中探病，見此情景都大為詫異和惶恐，她們不解地問：「既然您想託付兄弟於陛下，見一見不是輕而易舉的事，何苦如此違逆呢？陛下真的生氣了，又怎會答應您的請求？」

李夫人哀傷地歎口氣，說：「這也是沒有辦法，妳們有所不知，我之所以不肯見皇上，正是為了能更好地託付兄弟及兒子的前途。雖然陪伴皇上的時間不長，但我瞭解男人。他當初收我進宮，正是迷戀我的美貌，將我看做傾城傾國的佳人。但妳們要知道，大凡以色事人者，色衰而愛弛，愛弛則恩絕。看看我今天的姿容，那是其人將死之色，怎復當年的風華？如若讓他見，必然會立刻打翻我在他心中的形象，說不定就生出了嫌惡之心，又怎麼會在我死去後照顧我的兄弟？」

姐妹們又問：「那妳不怕陛下真的惱怒了，怪罪於妳？」

李夫人微微擠出一絲笑意：「陛下並不是沒有胸襟之人，他一時氣惱離開，但不會真的怨我。他的心中會長存我昔日的

李夫人

曼妙和今日的悲傷，這便足矣。」幾個姐妹聽後不禁頓悟，李夫人竟是這樣的深謀遠慮，原來她一直以玲瓏縝密的心思，贏得了武帝的深深癡迷。

沒過多久，李夫人就病逝了。果然如她所說，武帝非但沒有怪她恨她，反倒因她的離去而憂慮萬分。漢武帝對心愛女子念念不忘，傷感寫下抒情長賦《李夫人賦》，後又寫下一首《落葉哀蟬曲》：

羅袂兮無聲，玉墀兮塵生。

虛房冷而寂寞，落葉依於重扃。

望彼美之女兮，安得感余心之未寧？

思念至極之時，漢武帝甚至為了與她的魂魄見面，下令尋找能人異士。竟真有一位道士，為漢武帝送上一塊魂魄石，二人得此相見。但是漢武帝並不滿足，想要前去撫摸心愛的女子。卻被道士阻止，打碎了魂魄石。

不知是後人為了渲染他們的深情，還是歷史真有此事。漢武帝對李夫人的思念卻從未停歇。在衛子夫被廢之後，漢武帝將李夫人追封為皇后，以皇后之禮下葬，成為漢武帝陵墓唯一的后妃，又遵循李夫人的囑託，善待其兄長家人。

成功的女人
都是狠角色

　　此後，很多個日子裡他還會想起她，思念之情溢於言表。在漢武帝心中，李夫人永遠是最初飄然而至他面前的那個傾城女子，或者也會想到她臨終前固執地不肯相見的任性，但那任性不是刁蠻，是為了完好地保存他美好的記憶。後來，他命人將李夫人婀娜多姿的樣子畫下來，掛在甘泉宮裡供他睹物思人。

　　勾人心弦的出場，死得壯烈的結局。每一步，她都走得小心翼翼，又十拿九穩。這樣的心機，不是一般的后妃可以做到。在後宮的那些年，她從未放縱過自己，一直伏低做小，雖受獨寵，卻從不驕奢狂妄。

　　死時，用最決絕的方式，在男人心中留下一席之地。就連死，她都算計得那麼透徹。這樣一個女子顯然太可怕了，因為她的聰明智慧已經無法讓人看透，甚至就連她對漢武帝的真心，也不禁讓人懷疑。幸而，她雖然工於心計，卻從未有害人之心，對權力也沒有過多的渴望。否則，歷史上第一個女皇的出現可能提早出現一千多年。通透的人，知道什麼是該爭取的，曉得什麼不該妄想。李夫人是成功的，成功的讓後人只記得傾國傾城的美貌，只記得那段悲壯的愛情。

埃及艷后

魅力是女人的力量，正如力量是男人的魅力

　　女人因為美，可以清純動人，可以千嬌百媚，可以豪放野性，甚至可以擾亂世界，她們利用自身獨有的魅力來創造力量，進而達到自己的目的。

　　相比較於女性，男性則顯得略粗糙，他們對這世界充

成功的女人
都是狠角色

滿了野心、貪婪，帶著充滿征服的欲望，即便頭破血流也絲毫不在乎。但是，男性有一個致命的弱點，就是女人。

尼采因得不到莎樂美的愛，最終發瘋；拿破崙對約瑟芬過分的愛，甚至放縱她出軌；唐高宗對武則天極度依戀，最終將江山拱手相送。這就是女人的魅力，她們用女人獨有的柔軟，接納男人，包容男人，最終改變男人。

當父系社會取代母系社會後，男人們用碾壓性的體力優勢，利用充足的社會資源，來征服世界。而女人，天生沒有優勢，這就要求她們更聰慧、更靈活地來調動身邊一切可以利用的資源，利用男人的力量來滿足欲望。

在很多女人看來，男人是她們的工具，她們狠心捨棄一切關乎於情愛的東西，只為了滿足自己的野心。這也證實了那句話：「男人征服世界，女人征服男人進而征服世界。」埃及艷后克麗奧佩脫拉就是這樣的女人，在她眼中男人是支配者，而她要成為不被支配的女性。

克麗奧佩脫拉，希臘語意為「種族之榮光」。她是一個情人、母親、戰士，她更是一個女王。作為托勒密王朝的最後一

埃及艷后

個統治者，這個無與倫比的女人懂得如何利用美貌和智慧，為遠大的政治目標——保全埃及獨立、重現亞歷山大大帝的輝煌而奮鬥。事實上，克麗奧佩脫拉的生平活動完全與羅馬三位舉足輕重的男人緊密地交織在一起，其中有讓她崇拜的凱撒，讓她癡戀的安東尼，還有粉碎她夢想讓她痛恨不已的屋大維。

她比大多數女性具有更迷人的氣質，比大多數男子具有更大的力量和決心。她有堅定而明確的目標：她是亞歷山大的繼承人，並且試圖借助羅馬的力量把埃及王國重新建立起來。

然而，在羅馬人眼中她是蛇蠍美女，她迷住了當時最偉大的兩個羅馬男人，卻毀在了第三個羅馬男人手裡。她讓尼羅河流域數次陷入戰爭之中，無數勇士為了她去戰鬥，犧牲。她用美色迷惑了整個羅馬，差一點兒就使羅馬成為埃及的一個省。

克麗奧佩脫拉是埃及的公主，在本該享受生活的年紀，卻目睹了父親的無能、埃及的富庶和混亂、以及羅馬人的挑釁。這一切，都讓年幼的克麗奧佩脫拉對現狀產生了不滿的情愫。她熱愛埃及，同樣熱愛埃及人民，因此想要拯救埃及並帶領埃

成功的女人
都是狠角色

及走向強大。她的野心早就超過了目光所及的亞歷山大，飛向遙遠的地中海對岸。

西元前五十一年，也就是克麗奧佩脫拉的父親托勒密十二世去世的時候，埃及的主權已經岌岌可危了。為了挽救國家，托勒密十二世將埃及交到十八歲的克麗奧佩脫拉公主和她年僅十歲的弟弟手中，也就是後來的托勒密十三世和克麗奧佩脫拉七世。他們在完婚後，將共同執掌王權。

古往今來，在權力的巔峰，從未有兩個人和平共處掌權的情況，即便有也是一強一弱。在巨大的權力誘惑面前，親情、友情、愛情都不值一提。唐太宗李世民為了奪得大權，血洗玄武門，踩著兄弟的鮮血登上皇位；慈禧太后葉赫那拉氏，控制親生兒子，不讓其掌握大權。

血腥的場面在權力更迭時不斷地上演，克麗奧佩脫拉姐弟也不例外，不同的政見讓他們漸行漸遠，最終不惜兵刃相見。

從懂事的那天起，克麗奧佩脫拉的願望就是重振埃及的國力，希望埃及能像祖先治理時那樣繁榮興盛。如今手握大權，

埃及艷后

自然不遺餘力地治理國家。在她的管理下，埃及許多不好的風氣得到了有效的控制，當然這也會危害一群人的利益。為了解決這個動了他們乳酪的女人，這些人將目光聚集到托勒密十三世身上。

新皇既年幼，又不是十分聰明，很容易被身邊的「有心人」蠱惑，當克麗奧佩脫拉為羅馬人放行時，托勒密十三世徹底與姐姐也是如今的妻子決裂了。

西元前四十八年，托勒密十三世以企圖謀殺國王的罪名，將毫無準備的克麗奧佩脫拉包圍在她的寢宮內。幸運的是她在侍衛的掩護下逃過一劫，最後流亡到埃及最東端的賓夕奧城。

失去了克麗奧佩脫拉的埃及，很快變成了一團散沙，本來已有好轉跡象的國家步入了更危險的境地。原本就對埃及虎視眈眈的羅馬打算抓住這次機會，將埃及吞併為自己的附屬國。

覆巢之下焉有完卵，縱然托勒密十三世愚蠢無情，克麗奧佩脫拉也沒有放棄拯救埃及的想法，可以說她要振興埃及的想法從未改變過。

失敗並不可怕，可是喪失了信念，將永無出頭之日。人生

成功的女人
都是狠角色

的光榮，不在於永不言敗，而在於能夠屢撲屢起。此時的克麗奧佩脫拉沒有軍隊，沒有支持者，想要捲土重來幾乎是件不可能完成的事情。為此，她決定利用女人的優勢，將它們化為拯救埃及的力量。

正當姐弟二人爭奪這個世界最古老帝國的王冠之時，兩位最偉大的將軍正在爭奪文明世家的霸權，他們就是凱撒與龐培。克麗奧佩脫拉在他們之間衡量過後，決定依附凱撒將軍。她對自己的魅力很有信心，只要凱撒愛上她，愛上寬廣肥沃的埃及土地，她就贏了。

西元前四十八年，埃及無數夜晚中的一個夜晚。不過，這一天與以往不同，世界上一對舉足輕重的男女將要相遇並改變歷史。他們其中一個是羅馬統帥凱撒，他作為征服者，正住在埃及的王宮裡。

當晚，有個僕人來見凱撒，給他扛來一個禮物：一捆價值連城的地毯。地毯慢慢展開，凱撒欣賞它的圖案。突然，一個絕世美女從地毯中鑽了出來！她就是克麗奧佩脫拉，她的目的很明確，就是要凱撒幫他奪回埃及王位。

埃及艷后

　　凱撒已經五十多歲了，閱人無數，不會打沒有把握的仗，也不會做虧本的買賣，想要說服他並不是一件容易的事。她用了一個晚上，用她身為女人的魅力，「說服」了這位可以主導世界命運的凱撒大帝。凱撒很快表示，願意為魅力女王效勞，維護埃及的「公道」。

　　這就是女人的力量，而聰明的克麗奧佩脫拉恰巧將這份力量運用到了極致，這是她的聰明之處：她早就明白了想要達到目的，就要不惜動用所有力量，哪怕被後人恥笑唾罵。

　　凱撒擁有一支龐大的軍隊，張揚但不魯莽、狡猾卻不齷齪、勇猛但不衝動，這些都不是龐培以及托勒密十三世可以比擬的，更何況英雄惜美人，凱撒也不例外，只有垂簾美色的男人才可以讓克麗奧佩脫拉如願以償。

　　於是，他們的結合重塑了克麗奧佩脫拉，她不僅再次登上王位，讓支離破碎的埃及穩定下來，也如願嘗到了男女之間應有的愛情。

　　她成功了，強大的羅馬軍隊很快粉碎了托勒密十三世的力量。軍隊上下都認為，此時的埃及該併為羅馬領土了。但是凱

成功的女人
都是狠角色

撒卻出人意料地將埃及的王冠獻給了克麗奧佩脫拉，並宣佈自己僅僅是在為埃及王后而戰。羅馬人對凱撒的轉變感到不可思議，死裡逃生的埃及臣民對克麗奧佩脫拉感激涕零，宣誓永遠忠誠。

女王也應該稍稍安心了，埃及沒有因為強國發生爭權奪位之戰而淪為附屬國。相反，因為她的機智，埃及重新迎來了和平與光明。但羅馬人卻把她想像成蠱惑英雄的妖魔，對她的大膽、風流津津樂道。

這時，埃及人擁戴克麗奧佩脫拉和她的弟弟托勒密十四世共同執政。但她只是托勒密十四世名義上的妻子，實際上克麗奧佩脫拉已經成為名副其實的埃及女王。

美麗的尼羅河畔，凱撒陪著女王遊玩宴飲，他已經深深地陶醉在女王迷人的身姿裡了。不久以後，克麗奧佩脫拉為凱撒生下一個兒子，欣喜若狂的凱撒為他起名為凱撒里昂。

50多歲的凱撒不可能永遠活著，想讓埃及長久安寧，女王深知不能完全指望他。於是，克麗奧佩脫拉向凱撒提出了一個思慮已久的要求：「希望凱撒正式娶她為妻，立凱撒里昂為他

埃及艷后

唯一的繼承人。」

　　但凱撒的妻子還活著，凱撒顯得很為難，他請求克麗奧佩脫拉給他時間，讓他把一切都處理妥當。與此同時，羅馬內部嚴峻的局勢開始顯現出來。為了平定龐培舊部的大規模叛亂並將羅馬內部的各派爭鬥壓制下去，凱撒不得不離開女王，踏上回羅馬的征途。

　　就這樣，西元前四十六年，戰功赫赫的凱撒終於成為任期十年的羅馬共和國獨裁者，這個無冕之王離摘取皇冠僅僅一步之遙。克麗奧佩脫拉應邀去羅馬訪問，享受了她一生中從未有過的殊榮。她端坐在一個巨大的獅身人面像模型上面，由八千名侍從牽引著穿過凱旋門。當凱撒再次見到克麗奧佩脫拉和獨生子的時候，不禁喜形於色。克麗奧佩脫拉住進了凱撒在羅馬郊外的別墅，凱撒經常去那兒看望她。

　　重新回到凱撒身邊的克麗奧佩脫拉，為了自己的國家，一心想讓凱撒娶她，再讓他們的獨生子凱撒里昂成為羅馬與埃及聯合帝國的統治者，最終復興埃及托勒密王朝！

　　命運經常喜歡給那些拼搏向上的人更多磨難，彷彿只要這

成功的女人
都是狠角色

樣，才能打磨出更優秀的領袖。在克麗奧佩脫拉等待重回埃及，壯大埃及國土時，凱撒竟然被殺了。聽到這個消息後，克麗奧佩脫拉明白，繼續待在羅馬是一件十分危險的事情，於是帶著與凱撒大帝的兒子回到了埃及。

此時，掌管埃及的是克麗奧佩脫拉名義上的第二任丈夫托勒密十四世。即便失去了凱撒大帝這個強大的靠山，如今的克麗奧佩脫拉也不再是任人宰割的女王。她早就知道，與其依靠別人，不如強大自己的道理，所以在依附凱撒大帝時，也在培養自己的勢力。

回國後，克麗奧佩脫拉毒死了托勒密十四世，自己與兒子共同執政。在那個年代，女人雖然可以執政，但要帶領軍隊還是一件十分困難的事情。為了解決這個問題，她又將目光投向了另一位羅馬將軍，他就是凱撒的部下安東尼。

凱撒大帝死後，安東尼接手了整個部隊，並為凱撒報了仇。其實，他早就對克麗奧佩脫拉的美色垂涎欲滴。如今，美人親自拋出橄欖枝，他自然不會拒絕。

有些女人天生就是男人的毒藥，一旦中毒將無法根治。顯

埃及艷后

然，安東尼比凱撒中毒要深，為了滿足心愛女人的願望，他拋下羅馬帝國與克麗奧佩脫拉居住在埃及。安東尼為了向女王表達愛意，竟擅自將羅馬在東方的大片殖民地送給埃及女王——此時克麗奧佩脫拉已被尊稱為「眾王之女王」。

以強大的羅馬作為後盾，克麗奧佩脫拉開始專心治理著她的王國。她採取了有效的措施，對上層貴族官僚中的貪、奢、驕、淫者予以有力的打擊。在這之後，埃及王國又煥發出了新的光彩：和平的環境、繁榮的經濟、百姓安居樂業。

埃及雖然暫時取得了和平，但是羅馬那邊的衝突卻開始激化了。原來，安東尼竟想遺棄羅馬這邊的妻子，與克麗奧佩脫拉舉行婚禮！

這個早在托勒密十三世時期就該滅亡的埃及王國，在克麗奧佩脫拉手中不但延續了下去，而且還有成為一個強國的趨勢。對於克麗奧佩脫拉來說，愛情不過是籌碼，她不是家庭主婦，她是戰士，是賭徒，是一個國家的領袖。只要還有一點可能性，她就不會放棄為埃及開疆闢土。為此，她逼迫安東尼休掉在羅馬的妻子然後娶她，把羅馬大片殖民地送給她。

成功的女人
都是狠角色

　　如果安東尼將自己的所有無私奉獻給心愛的女人，那麼人們或許認為他是一個情種，但是如果他將羅馬的土地拱手相讓，甚至要拋棄妻子與埃及女王結婚，這將引起了羅馬很多人的不滿。

　　將軍屋大維就是一個製造謠言的高手，他知道民眾的力量是最強大的。在他的蠱惑下，羅馬人堅信克麗奧佩脫拉是一個用妖術蠱惑安東尼的蕩婦。羅馬人最大的敵人就是克麗奧佩脫拉；而安東尼最大的問題就是他有一個「禍國殃民」的埃及女王，以及他們的三個兒女。

　　當安東尼在埃及享受天倫之樂時，羅馬已經徹底沸騰了，羅馬人決定討伐安東尼的「叛國」行為，一場前所未有的戰爭來臨了，克麗奧佩脫拉的命運再一次出現了轉折。

　　為了保護自己的女人，安東尼決定與屋大維開戰。可是，身為羅馬人的安東尼已經失去了他在本國的立足之地。不管是謠言還是他的表現，都使他眾叛親離，最終失敗而自殺身亡。

　　羅馬軍隊很快佔領了埃及，屋大維帶著他的軍隊來到埃及皇宮，享受著女王曾享用的一切，此時的埃及女王已經淪為戰

埃及艷后

俘。

　　曾經高高在上的克麗奧佩脫拉怎麼可能受此侮辱，即便死，她也要體面的離開。最終，她頭戴王冠，身著華服，自殺身亡。她與她熱愛的王國一起去世了，在這不久後，屋大維將埃及變成了羅馬的一個行省。

　　大多數女人都會有很多追求——金錢、權力、愛情……但是她們卻無法拋下所謂的名聲，但克麗奧佩脫拉做到了。她的狠，在於她根本不在乎名聲，在於她肯將女人的魅力化為力量進而達到完成夢想。就是因為她的這份魄力，她所熱愛的埃及王國多延續了近二十年的生命。

王昭君

果敢的選擇，
成就人生的出路

　　在中國的歷史上，有著數不清的美女，其中最有名的當屬
四大美女，她們有著傾國傾城的容貌，有著百轉千迴的故事。
紅顏禍水、紅顏薄命，人們總是喜歡為美人貼上各種各樣的標
籤，然而生命卻賦予了她們不一樣的靈魂。

王昭君

西施——愛國。以身飼虎，用自己的身體去魅惑夫差，幫助越王復國，卻出賣了自己靈魂，出賣了寵愛她的夫差。

貂蟬——嫵媚。為了王允，不惜犧牲色相離間董卓與呂布的關係，卻從未獲得真正的愛情。

楊玉環——受寵。一騎紅塵妃子笑，無人知是荔枝來。唐玄宗給了她最大的寵愛，也給了她最深的傷害，是非功過最終化為一抹塵土。

然而，王昭君活出了自己喜歡的模樣，不論是後宮一名普通的宮女，還是匈奴單于的妻子，她都盡情活出自己，無愧於心，亦無愧於君民。她，讓我們看到了一個有大義的女子，在時事變遷中展現出的果敢與智慧。

「昭君出塞」的故事已經流傳了兩千多年，在漫天風沙裡，那位抱著琵琶的美人，似乎從未老去，一直以最為正面的美人形象為世人所稱頌懷念。那麼，這位漢朝女子，又是如何譜出了蕩氣迴腸的塞外之歌呢？

為何漢宮出了那麼多美人？很簡單，西漢建立後，大約經歷了 210 年的統治，可以說是封建社會形成以後第一個繁榮強

成功的女人
都是狠角色

盛的朝代。後宮也跟著呈現出一片欣欣向榮的景象，為了不時地進行更新換代，後宮每隔不久就要舉行一次選秀活動。

漢代宮廷的選美標準是：有姿色，善歌舞，再加上以瘦為美。無論是高祖劉邦最寵愛的戚夫人，還是武帝劉徹的皇后衛子夫，皆輕如飛燕。

王昭君正是大漢王朝千千萬萬個被選秀砸中的美女其中之一，她生於西元前五十二年，是家中的小女兒，聰明伶俐。昭君家中雖不是大富大貴，但父母哥哥都把她當作掌上明珠。身為女孩兒的昭君，依然得到了家人的悉心培養。她自小便開始接觸琴棋書畫，再加上天生麗質，姿容絕佳，凡是看過昭君的人，沒有誰不讚歎她出眾的容顏。

西元前三十六年，王昭君以當地最美的姿色，被宮廷使者選中。當時正處漢元帝時期，元帝下詔，命她擇吉日進京。父母捨不得，女兒才剛剛十六歲就要離開他們了，怎麼都不忍心。但是聖命難違，昭君悲淒地辭別了家人，遠離故土，來到長安。

昭君雖是貨真價實的美女，但宮裡哪個女人都不是等閒之輩，一介新來的小姑娘，也只能從宮女的命運開始。皇帝的嬪

王昭君

妃們已經數不勝數，宮女們只能先做「待招」，也就是等待招見。等待招見也是有程序的。一代帝王哪有時間一個個接見小小的宮女，所以才需要畫師這個職業。畫師負責幫宮裡的各位美女畫像，等畫好後再拿給皇帝看，如果皇帝覺得這個可以，那就召來一見，果真好的話，就可能有幸在皇帝身邊佔有一席之位。畫師畫像全憑自己的一隻手和手裡的筆，這就有著極大的主觀性了。不知何時，畫好畫壞竟與賄賂掛上了鉤。凡是悄悄行賄的宮女，畫師自然會將她們畫得嬌美明麗；一毛不拔的，日後的命運差不多會像那畫紙上的模樣一般慘澹。

很不幸，王昭君就屬於不想行賄的人。當時為她來作畫的畫師叫毛延壽。毛畫師給宮女嬪妃們作畫都拿錢拿到手軟了，而王昭君這兒一分錢都沒給，他心理上當然有落差。於是，昭君的畫像自然被無情地醜化。本來潔淨標緻的臉蛋上，被平白無故地點上一顆「喪夫落淚痣」。

因為畫像根本沒有真實地反映出昭君的傾城之美，漢元帝就算看過了也完全沒有在意。結果一位絕色美女就那麼寂寥地待在深宮裡，一晃三年過去，從未面見過聖上。

成功的女人
都是狠角色

西元前三十三年，南匈奴單于呼韓邪前來長安朝覲。他是帶著誠意而來，不過他的誠意中有個附加條件——要娶個漢室女子做闕氏，也就是當老婆。

當時呼韓邪單于已經六十多歲，漢元帝也人到中年了，一個比自己年長那麼多的匈奴首領主動提出要給他當女婿，元帝很糾結，但又不好意思拒絕，只好答應了。結果答應之後更為頭疼，誰願意把如花似玉的公主送到那茫茫風沙的大草原，終生不得一見。索性還是隨便送個宮女去吧，反正漢高祖那時候就已經開了拿宮女假扮公主去和親的先河。

元帝派人將自己的意思傳到了後宮，宮女們平日在深宮裡，就像鳥兒被囚禁於籠中，聽說有機會改變現狀，當然都爭著想出去。可是一聽是要去遙遠的荒漠，與匈奴和親，又都不願意去了。此時，不甘心做白頭宮女的王昭君毅然請命，表示自己願意去匈奴和親。

她知道，女子最好的光陰也就那麼幾年，女人無論長得多漂亮，缺乏機遇也是不行的。因此要主動去爭取機會，改變命運。試想有多少女子，就那樣荒廢了一生韶華，也懶得去爭取

王昭君

與改變。所以這一次，她必須主動抓住命運的大手。

終於等來了這一天，漢元帝召見她了，當然，主要目的是讓呼韓邪單于見見這個未來的老婆。那是她進宮以來打扮得最精心最華美的一次，走過重重宮門，最後來到皇帝的大殿。

因為是第一次見當朝天子，昭君心中不禁感慨萬千。然而在她步入宮殿的那一刻，震驚的卻是在場的所有人，尤其是漢元帝。他心裡頓時生出千般疑問：這是我後宮裡的嗎？她是什麼時候進宮的？我怎麼從未在畫像上見過她？

這麼多的問號只有一個指向，那就是——這麼美的姑娘為什麼時至今日才發現！但見昭君邁著從容的步子嫋娜飄來，嬌豔如荷花映紅，氣質若空谷幽蘭。翩翩施禮間，已經看得元帝怦然心動，又追悔莫及。他當然清楚召她來的用意，那是送給匈奴首領和親的，不是供自己享用，就算再捨不得也無法反悔。整個大廳都靜默了，只有昭君像一顆璀璨的明珠般散發著奪目的光彩。她的身材，她的腰肢，她的容貌，她的眼睛，似乎都能使這座金碧輝煌的大廳黯然失色。

與此同時，旁邊的呼韓邪單于早就坐不住了，他先是大驚，

成功的女人

都是狠角色

然後大喜，最後當然是感謝漢朝天子的大恩了。這真令他萬萬沒有想到，漢室竟然如此大方地將一位絕代佳人嫁與他為妻。能夠帶著大美女回匈奴，他還夫復何求呢？

元帝看出來呼韓邪單于的滿意程度和急迫心情，就對昭君說：「去吧，一路上多多保重。」昭君的心情其實也挺複雜，當初被選進宮來是侍奉天子的，竟沒想到見面即離別。但是她也沒有那麼悲傷，畢竟幽宮深鎖了整整三年，該悲的已經悲完，該傷的也已經傷透。現在，她寧願隨匈奴人入大漠，也不願再將青春韶華都虛度。也許他們都該怨毛延壽這個畫師的所作所為，但是命運已無法更改。

那正是中原春暖花開的三月，呼韓邪單于送給漢宮異常豐厚的聘禮，元帝也回贈了不菲的嫁妝。然後，昭君便隨單于踏上了回匈奴的漫漫長路。當時的塞外還是寒風凜冽的季節，昭君在路上病倒了，病中尤其想念父母兄弟，於是挑燈披衣給元帝寫了一封信。信上大致的內容是：臣女有幸入宮，等待陛下三年，只因畫師作畫有誤，始終未有機會面見聖上。現今我遠走大漠，將以柔弱身軀報國。只是途中太思念家鄉和家人了，

王昭君

還請皇上恩典，多多照顧他們，我就算死了也會感激不盡的。

　　漢元帝看了這封信，心裡又悲又氣。他立即做了兩件事，一是把王昭君的父母兄弟接到長安，賜宅賜田，妥善安置。二是下令斬了毛延壽。那本該是他漢元帝的豔福，居然全葬送在這無良畫師手裡了，別說昭君信裡告了狀，就算她沒說，他也要辦這個人。

　　其實漢元帝不僅沒豔福，連壽路都不長，昭君走後沒幾個月，他就駕崩了。都說他是因氣血鬱積和思念昭君而病情加重，不過他身體一直不太好倒是真的。再說王昭君，病好以後仍艱難向前，路上還跟單于學會了騎馬，以後要長期在大草原生活，這也是一項基本技能。昭君聰明伶俐，學得很快，騎著馬，唱著歌，非常自在。

♛

　　人們活著是為了尋找生命的意義，這也是人們一生中被賦予的最艱巨的使命。而王昭君，從踏出西漢皇宮的那一刻起，也被賦予了一種新的使命。她帶著大漢對她的重托，走進匈奴，以一人之力化解矛盾，保證漢朝邊疆得以安寧。

成功的女人
都是狠角色

　　王昭君抵達匈奴後，受到了隆重的歡迎，並被封為「寧胡閼氏」。她與呼韓邪單于相敬如賓，十分恩愛，與其他后妃們也相處得不錯，後來又為單于誕下兒子。

　　她跨越漫漫黃沙，逐漸適應與家鄉截然不同的大漠生活。不僅如此，她還為匈奴的開化做了巨大奉獻。王昭君來到大漠後，呼韓邪部的子民開始知道漢字，知曉漢文化，從此以後匈奴情願臣服於漢朝的人也是不斷增加。

　　作為漢宮的美女，到了匈奴人眼裡，是他們從未見過的傾城絕色。單于更是將她奉為草原上升起的月亮，那光輝可令千里大漠都變得生動起來。早已年過半百的匈奴首領，似乎此刻才知道什麼是人間美色，現在就是讓他拿整個匈奴來換眼前的美人，他也願意。

　　然而好景不長，昭君才入匈奴三年，年事已高的呼韓邪單于便不幸去世了。繼任者雕陶莫皋單于是呼韓邪單于的兒子，按照匈奴的禮俗，新的匈奴首領是可以續娶繼母為妻的。這樣，王昭君又成了雕陶莫皋單于的王后。

　　二十一、二歲的王昭君與二十五、六歲的雕陶莫皋似乎更

王昭君

加般配，夫妻倆甜蜜恩愛，兩個女兒相繼來到人世。可是這幸福的日子也僅僅維持十年，雕陶莫皋單于也一命嗚呼。昭君雖然很悲傷，但好在這次她不用再嫁了，也算在某種意義上真正擁有了自由的生活。

此時的王昭君剛過三十歲，正是絢爛的盛年，脫離婚姻的束縛後，她並沒有完全離開匈奴回歸漢室，而是更積極地在漢與匈奴之間進行政治活動。不得不說，因為有王昭君的存在，對於漢與匈奴的友好關係，起到了相當大的溝通與調和作用，讓兩國之間的烽煙熄滅了長達半個世紀之久。

和親匈奴後，她對邊疆的作用毫不遜色於漢武帝的幾十萬大軍。她對中華民族的功勞可與名將衛青、霍去病相比。

蘇武牧羊，尚有歸來之日。昭君出塞，卻西嫁無來期。王昭君最後還是死在了匈奴這片土地，至死都沒有回到思念的家鄉。這位從漢宮裡走出的宮女，像一隻美麗的白鴿，帶著和平使者的使命，在大漠生活了幾十年，匈奴人都喜歡她，尊敬她，即使在她死後也傳頌著她的故事。

趙飛燕

美貌不過是一種交易，成功才是最終目的

回顧大漢王朝，那是一個令人嚮往的時代，有像漢高祖劉邦那樣的梟雄，也有似漢武大帝那般的帝王。然而，如果一個時代僅僅擁有出色的男人，就會顯得單調無趣。所以，陰狠毒辣的呂雉、傾國傾城的李夫人，英勇大氣的王昭君等女人的出

趙飛燕

現，讓後人每每提起漢朝，都有著彷彿說不盡的話題。

在西漢，有一位被後人無數次提起的名字，她出身高貴，卻險些被遺棄，最終流落青樓；她身輕如燕，卻為保持身材終身不孕，孤獨至死；她陰狠毒辣，殺盡皇子寵妃，自己卻穢亂宮闈。她是趙飛燕，憑著沉著的心機與狠毒的手段，從一個青樓女子搖身成為母儀天下的皇后，權傾後宮。

翩翩起舞時，她是一隻飛燕，衣袂飄飄，宛若遊龍，手掌上輕盈一舞，成就她一代舞后的美名。工於心計時，她是一隻惡狼，手段狠毒，步步驚心，瘋狂地渴望權勢與富貴，最終站到了女性權力的巔峰。

面對異己時，她是一條劇毒的美人蛇，從不掩飾自己動機，玩弄人命於鼓掌之間，最終害的成帝絕後，成為了妲己、妹喜那般的妖后。她的宿命，正是源於她的美貌、心計與狠毒。美貌，為她提供了前提條件；心計，則助她走向成功；狠毒，為她剷除了一切阻礙。

趙飛燕本不姓趙，也不叫飛燕。她的父親姓馮，是朝廷命官，母親更是尊貴的郡主。本該是含著金鑰匙出生的趙飛燕，

成功的女人
都是狠角色

一出生就被母親遺棄，只因為她是偷情的產物。

被遺棄三天後，郡主不忍心偷偷來看孩子是否死掉，趙飛燕竟然安然無恙。一個剛剛出生的嬰兒，居然獨自在無人照料的情況下生存三天，可見她對生存的渴求。

郡主不忍心，就將她送到生父家，取名馮宜主。後來家道中落，與孿生妹妹合德流落到青樓。也許是因為遺傳了母親放蕩的性格，也許是因為生活所迫，宜主來到青樓不久後，就因為傾城的容貌、勾人的手段成了頭牌。很多達官貴族為了她一擲千金，只為博得美人一笑。

比起在馮家經常受繼母欺負的日子，比起家道中落後顛沛流離的時光，如今錦衣玉食的生活已經很好了，合德在這裡過得很開心，因為沒人再欺負她們姐妹，哪怕代價是付出自己的身體。

然而，宜主卻不甘心，她時常會想起自己身上流著皇室高貴的血脈，如今卻淪為人盡可夫的女子，不管是身體還是尊嚴都任人踐踏。她不甘心在青樓終其一生，她要成為世上最尊貴的女人──皇后。

趙飛燕

然而，這個夢想對於她來說簡直就是天方夜譚。古往今來，青樓女子成為皇帝的女人不在少數，但是一國之母，關係到國家的命脈，怎麼可以如此兒戲。

夢想一定要有，萬一它實現了呢？趙飛燕就做到了這個萬一。身在青樓的宜主很清楚自己處境，所以她並不著急，而是盡心伺候著每一個客人，企圖從他們身上得到一些有價值的資訊。後來，宜主得知，陽阿公主府經常會招募一些舞女，用來在宴會上表演。其實，很多王公大臣家裡也會養這樣的舞女。但宜主將希望只寄託在陽阿公主身上，只因為當朝天子劉驁會經常到公主府坐坐。

找到了門路，她自然不會坐以待斃，如果什麼都不做，自己永遠不會被發現。偶然的機會，宜主巴結上了趙臨，甚至帶著妹妹認趙臨為父，改姓為趙。趙臨見宜主身輕如燕，便為她更名為趙飛燕。

比起趙飛燕侍候的其他公子王孫，其實趙臨根本不算什麼人物，只是公主府的一個小管家。但是他手上有一項讓趙飛燕十分渴望的特權——陽阿公主府舞女的輸送。

成功的女人
都是狠角色

　　有了義父的幫助，趙飛燕姐妹很快就見到了陽阿公主。如此絕色的姐妹花，陽阿公主也是第一次見，她又驚又喜。

　　皇帝在宮中有了班婕妤，已經很久沒有來公主府了，沒有皇帝的駕臨，這個有名無實權的公主府過的也大不如從前，但是陽阿公主知道，只要利用好了這對姐妹花，公主府的富貴自然會源源不斷。

　　皇帝後宮三千，奈何劉驁是個放浪形骸的君主，縱然班婕妤深得他的喜歡，可是時間久了就開始厭煩，便又想起陽阿公主府那些風姿綽約的舞女。

　　趙飛燕日日苦練舞技，陽阿公主更是大費苦心，不惜花費大量的時間親自調教。趙飛燕生來酷愛舞蹈，此時在公主府裡是如魚得水，自在酣暢。

　　她潛心學舞，鑽研領悟，不久創造了一種獨特的舞步：踮步。這種步子走起來輕盈無比，似御風而行，又巍巍而顫，似手持花枝。

　　好花盛開，就該儘先摘，慎莫待美景難再，否則一瞬間，

趙飛燕

它就要凋零萎謝,落在塵埃。幸好,劉驁在趙飛燕最盛開的時刻來了。那日,劉驁親臨公主府。趙飛燕早已經蓄勢待發,當所有的節目表演完畢,趙飛燕帶著對未來的渴望登上了舞臺。

舞臺之上,絲竹響起,飛燕出場。她手若擎蓮花,步若踏凌波,輕飄飄如蝶舞紛飛,仙子騰雲;舞到忘情之處,只見她衣袂翻飛,腰肢靈動,眸子含情脈脈,閃迸出無限誘人的風情與醉人的嬌媚。

座上的皇帝如癡如醉,擎杯不動,雙目久久凝視翩翩起舞的趙飛燕。突然皇帝起身走向舞席當間,手臂一個用力,將趙飛燕拉入懷中。趙飛燕柔若無骨地偎在皇帝懷中,剛才跳舞的細碎汗水還掛在額頭,化開了少許胭脂,美若出水芙蓉。陽阿公主會心一笑,款款走到酒席前,躬身施禮:「請陛下到內室更衣。」劉驁便攬著飛燕進了內室。

御男無數的趙飛燕深得男人的心理,對他們來說,越是得不到的,越是想要去征服。所以,她拒絕了帝王,還因此得到了一個諾言——接她入宮。

♛

成功的女人
都是狠角色

　　趙飛燕平步青雲，由公主府的歌舞伎，搖身一變為宮中的婕妤，並獲得了劉驚的專寵。但劉驚雖為皇帝，朝政卻被母族王氏把持著，他雖有心卻無力改變什麼。索性縱情在趙飛燕的溫柔鄉中，醉生夢死。

　　一日，劉驚在舟上設宴，與趙飛燕把酒盡歡，趙飛燕興起，就在船內雕欄之上邊舞邊唱，身姿曼妙婀娜，足尖輕點欄杆，若嬉水蜻蜓般輕盈。看著高臺上的趙飛燕飄飄欲仙的樣子，劉驚大悅。

　　忽然一陣大風襲來，趙飛燕寬大的百褶裙一下被吹了起來，好像整個人都要隨風飄去一般，劉驚忙命人用力拉住趙飛燕的衣帶。從那以後，劉驚怕大風真的把趙飛燕帶走，就特意為她建造了一個住所，名為「七寶避風台」。趙飛燕身穿的那件百褶裙也出了名，被稱做「留仙裙」。

　　漢成帝雖然好色，但從未對一個妃子如此的寵愛，這讓後宮的女人們難免心生妒忌。表面上大家和平共處，暗地裡卻經常一起對付趙飛燕。一時間各種謾罵，汙言碎語接踵而至。

　　趙飛燕感受到了後宮的黑暗，也明白了權力的重要性，她

趙飛燕

更加渴望成為後宮之主。下定決心取皇后而代之的趙飛燕，決定把妹妹趙合德接入宮中。

　　與清瘦的趙飛燕不同，趙合德略顯豐腴，卻又無處不勻稱。她肌膚潔白，晶瑩，彷彿粉雕玉琢般。劉驁獲得了豔如桃李、美若天仙的飛燕、合德姐妹後，龍心大悅，每天都與兩姐妹耳鬢廝磨。而飛燕、合德也使出渾身解數，纏住劉驁，使劉驁身陷溫柔鄉不能自拔。

　　從此劉驁完全沉浸在風月夢中，對朝政更加漠不關心，時常感歎：「帝王之樂，全在於此！」

　　姐妹二人幾乎得到了皇帝的獨寵，但是趙飛燕卻沒有沉溺在安樂中忘記當初的夢想。趙飛燕知道，許皇后出自劉驁生母許家，不是撒撒嬌就可以罷黜的，況且許皇后一直溫婉賢良沒有什麼過錯，想要李代桃僵，還要下一番功夫。

　　為了完成心願，趙氏姐妹一邊麻醉劉驁，一邊尋找機會。直到出自太后家族的王美人懷孕的（劉驁的生母許氏早逝，王太后為養母。）消息傳來，姐妹二人便有了計策。

　　趙飛燕與合德十分嫉妒懷孕的王美人，但她們更加不願意

成功的女人
都是狠角色

看到皇子出世，於是姐妹倆商量出了一個一石二鳥之計……

不久後，王美人流產了。這讓年過四十還膝下無子的劉驁十分震怒，他剛要處死太醫，以懲治他們沒有保住皇子，趙飛燕卻恰好出現並阻止了他。

愛妃親自求情，劉驁雖然不解，但還是冷靜了不少。只聽趙飛燕說：「皇上，王美人又沒摔著累著，太醫也不是普通的江湖郎中，孩子怎麼會莫名其妙地流產了？」

劉驁撫著鬍鬚：「為什麼？」

「王美人流產的事情，必定有人從中搞鬼，」飛燕壓低了聲音，「原本我跟妹妹也只是私下裡懷疑，不料剛剛我的貼身宮女跟我講了一件事，飛燕覺得此事事關重大，不敢怠慢，故急忙過來稟報皇上。」

「什麼事？快說！」

「今早她看到平安剛侯夫人許謁拿著符咒、香燭鬼鬼祟祟在各個宮外不知在幹些什麼，她覺得好生奇怪，特來向我報告。」

許謁？那是皇后的姐姐。三言兩語，趙飛燕便將兇手直接

趙飛燕

指向了皇后，她雖然沒有明說，但劉驁也不是傻子。許謁沒有理由殘害皇子，自然是皇后授意。於是，劉驁下令搜查皇后的寢宮。果然，在皇后的宮中搜到了巫蠱之物，不僅有對龍胎的詛咒，甚至還有對皇帝的詛咒。

詛咒皇上是大事，事情很快驚動了皇太后，劉驁還沒有什麼舉動，許氏就已經被太后廢黜，還因此牽連了很多族人。永始元年（西元前十六年），趙飛燕如願以償地當上了皇后。為了達到目的，趙飛燕竟然向一個還沒出世的嬰兒伸出毒手。在整個事件程序中，我們不難看出趙飛燕的厲害之處。

王夫人出自太后的母族，自然得太后庇佑多一些，而許皇后是皇帝生母母族的女兒，太后自然不會喜歡；這個是劉驁的第一個孩子，對年近四十的帝王來說彌足珍貴，足以引起他的憤怒；如果一個皇子不足以扳倒皇后，那麼詛咒皇上，施行巫蠱之術，即便是皇后也難逃一死。環環相扣，趙飛燕算足了每一步棋，她用一個嬰兒的鮮血鋪路，終於站到了夢寐以求的高度，而她的妹妹趙合德晉升為昭儀。此時，整個後宮都被她們姐妹二人把控著。

成功的女人
都是狠角色

　　趙飛燕雖然如願以償，卻還有一個遺憾，她們姐妹二人進宮多年，一直沒有懷上龍嗣。她擔心後宮中若有人生下龍子，她們姐妹二人的地位將會岌岌可危。

　　有時候，越是擔心什麼，什麼就來的很快，趙飛燕的眼線竟然發現了一個祕密：一個曹姓的宮女竟然在劉驁的庇佑下生下皇子，被藏了起來。

　　聽到這個消息，趙飛燕心生恨意，想要對這個新生兒下手，奈何劉驁將他保護得太好，根本無從下手。可是趙飛燕不甘心，她知道劉驁生性軟弱，便利用起這個缺點。

　　她開始不吃不喝，以絕食來威脅劉驁，劉驁雖然惱怒趙飛燕的行為，但是他又離不開這個女人的溫柔鄉。不僅如此，為了逼迫劉驁儘快做出決定，趙合德也不吃不喝，揚言姐姐死了，她也絕不獨活。

　　眼見兩個美人都要離開，劉驁竟有些怕了。他居然真的將小皇子交給了趙飛燕。一個不足歲的嬰孩，還在甜甜的睡夢中，就被趙飛燕親手結束了生命，此時的趙飛燕已經徹底喪失了人性。

趙飛燕

　　一國之君居然被兩個女子要脅，親手將自己的血脈送入虎口。趙飛燕能如此乖張，與劉驁的軟弱有著不可分割的關係。

　　趙飛燕認準了劉驁離不開她們姐妹，居然肆無忌憚地殘害起後宮的孩子。不久，她又故技重施以殘忍的手段殺害了才剛懷孕的許美人。從此，後宮無人再敢懷孕。

　　趙飛燕知道，一味地殺害並不能從根本上解決問題，只有自己或者妹妹生下孩子才能穩住地位。可是，劉驁親眼見證了趙飛燕的狠毒，他已經對這個女人失望了，而日夜與趙合德廝混在一起。為了儘快懷上孩子，趙飛燕竟然命人偷偷從宮外輸送年輕力壯的男子入宮，不論宮奴、侍衛都是她可以委身的對象，以增加生育的機會。

　　姐妹二人雖日日在男人的滋潤下，卻始終沒有懷孕的跡象。原來，她們姐妹曾為了保持身材，服用一種叫做生肌丸的藥物，裡面含有大量的麝香，導致終身不孕。

　　劉驁查清她們二人不孕的原因後，雖然大怒，但也無可奈何。此時，趙氏姐妹已經如罌粟般侵入皇帝的骨髓，厭惡至極，

成功的女人
都是狠角色

卻也欲罷不能。

　　劉驁已經不再奢求有皇子了，朝政又被王莽一家把持著，他只能沉迷在趙合德的溫柔鄉中，麻醉自己。在他夜夜笙歌時，他的皇后放蕩的行為已經傳遍了後宮，只有他被蒙在鼓裡。一日，劉驁突然想到趙飛燕的宮中坐坐，恰巧撞破了心愛女人與其他男子苟合的場景，龍威大怒。

　　但是，那又能怎麼樣呢？劉驁可以眼睜睜看著趙飛燕殺害皇嗣，這種小事怎麼不可以忍耐呢？環肥燕瘦兩個美人一哭二鬧三上吊，劉驁又重新接受了趙飛燕，甚至對趙飛燕更好了。

　　在皇后，昭儀的壓榨下，劉驁漸漸感覺力不從心。感知到劉驁的懊惱，趙合德竟然讓皇帝服用春藥，不料劉驁服藥過度，當場死亡。

　　覆巢之下，焉有完卵。趙合德自殺了，留下趙飛燕孤獨一人。漢成帝的養子劉欣即位，尊趙飛燕為皇太后。

　　曾經，水晶盤上一場妙舞，將一隻飛燕帶進皇宮，為了榮華富貴，她手染鮮血，大開殺戒，成就一代妖婦的罪名。

趙飛燕

　　大概是苦盡甘來的奢華太容易讓人迷失，所以她用美色誘惑，用手段制衡，只為留住那個男人。如今，她年華已去，卻依舊風采照人，她成為了夢寐以求的皇太后，卻孤身一人獨自面對滿目瘡痍的江山。

竇太后

等出來的是命運，拼出來的是人生

　　呂雉面對戚夫人的打壓，選擇隱忍，專注發展勢力，最終捍衛了她與兒子的地位；陳阿嬌因嫉妒衛子夫受寵，不顧後果施行巫蠱之術，最終偷雞不成反蝕把米；而她，似乎綜合了兩

竇太后

個人的優點，下得了狠手，忍得了委屈，軟硬兼施，最終獨佔後宮。她就是東漢漢章帝皇后竇氏，開創了後漢女性干政的先河。

竇氏出身於名門望族，曾祖父是開國功勳竇融，竇融的長子竇穆娶了東漢光武帝劉秀的女兒為妻，而竇穆的兒子也就是竇氏的父親竇勳，又娶了曾經劉秀的長子東海恭王劉彊的女兒沘陽公主為妻，可見竇家一直都是皇親國戚，與皇室結親，讓竇家成為了東漢有名的權勢之家。

然而樹大招風，如此強大的家族讓皇帝也有些隱隱不安，在漢明帝看來普天之下莫非王土，竇家的田地、錢財都理應歸屬朝廷。起初，漢明帝忌憚竇家的名望，怕一旦起了衝突會寒了大臣們的心，因此得不償失。為了找到竇家的破綻，漢明帝經常在暗處用一些小伎倆來對付竇氏一族。一向財大氣粗的竇氏何時受過這樣的氣，一時間，竇氏一家怨氣沖天。

很快，漢明帝就抓到了竇家的把柄，他以侮辱朝廷的名義將竇穆父子趕回老家扶風平陵，但是朝廷對於竇勳的夫人沘陽公主卻網開一面，允許她繼續在京城留居。不久後，朝廷又以

成功的女人
都是狠角色

賄賂罪將竇家長子竇穆下獄，竇勳受到牽連。在獄中，所有竇氏家族的人全部被賜死。

　　在這場血淋淋的滅門風波中，竇氏與妹妹因為母親沘陽公主的緣故，僥倖生存下來。原本是含著金鑰匙出生的竇氏，看著家人一個個從身邊離開，她彷彿一瞬間成長了。

　　世界上只有一種真正的英雄主義，那就是在認清生活的本質之後依然熱愛生活。顯然，竇氏就是這樣的人。家族的沒落沒有讓她對人生喪失了信心，反而讓她明白世界並沒有想像之中那麼美好，一旦脫離了親人的庇佑，自己就會失去一切。她清楚，再沒有錦衣玉食供她享用，也沒有呼來喝去的丫鬟小廝侍奉左右。想要重新擁有這一切，就要讓自己變得強大，而不是再依附他人。

　　「成熟」絕不僅僅是一種表象，更多的，則應該是內心深處一種全新的認知與行動。竇氏清楚自己的處境後，開始著手對未來規劃。在封建社會，女人想要出人頭地，只有一條出路──進宮。她告訴母親沘陽公主，自己一定要進宮，要恢復竇

竇太后

家的榮耀，要為家人鳴冤雪恥。

　　見女兒如此決絕，沘陽公主並沒有多加阻攔，她建議竇氏將自己的妹妹也帶進宮中，兩人之間好相互有個照應。

　　姐妹二人在母親沘陽公主的多番周旋下，雙雙進宮成為了漢章帝的妃子。據說漢章帝在沒見過竇氏之前，就聽聞過她的美貌，曾多次向指導妃嬪的掌事詢問竇氏的情況。聽到掌事的彙報後，漢章帝更加迫不及待地想要與竇氏見面。

　　不出所料，很快竇氏就得到了漢章帝的寵愛。由於她容貌秀美、舉止得體，就連馬太后對她都十分喜愛。而竇氏比妹妹更加會處理人際關係，左右逢源之下，好名聲不久便傳揚開來。

　　竇氏入宮一年後，便被封為皇后，妹妹也被封為貴人。不久，她的父親竇勳在她的周旋下得到了平反，並被追封為安思成侯。她的哥哥竇憲升為侍中虎賁中郎將，弟弟竇篤拜為黃門侍郎，一時間竇家又重新顯赫起來。

　　竇皇后因皇帝的寵愛擁有了一些權力，可是那時的後宮還是由馬太后主持。馬太后是個是非分明、討厭外戚專權的人。所以，竇氏雖被封為皇后，在宮中依然小心翼翼、如履薄冰。

成功的女人
都是狠角色

當然，這種謹慎倒是深得皇宮上下的一致好評。

然而，馬太后去世不久後，竇皇后見沒有了壓制自己的人，決定放手一搏，剷除異己，將後宮牢牢掌握在自己的手中。

竇氏知道，自己雖然受寵，但還沒有到獨寵的地步，而且自己雖貴為皇后，卻沒有皇子，這些都令她十分擔憂。於是，一場除掉情敵，霸佔皇子的大戲在東漢皇宮上演了。

當時宮中受寵的還有馬太后帶進宮來的宋氏姐妹和梁氏姐妹。馬太后在時，三對姐妹花還能安然相處，如今馬太后走了，竇氏自然就對她們起了殺心。

宋貴人與梁貴人都有各自的皇子，而剛進宮不久的竇氏卻無所出，最讓竇皇后無法接受的是，漢章帝居然立梁氏的兒子劉慶為太子。年紀輕輕的皇后剛剛入宮不久，生下皇子只是時間問題，而漢章帝居然立了一個貴人的兒子為太子，這讓竇皇后對宋氏姐妹不禁懷恨在心。

為了讓漢章帝冷落宋氏姐妹與太子，竇皇后經常對皇帝吹「枕邊風」，在皇后的挑唆下，漢章帝也日漸對宋氏姐妹有了

竇太后

芥蒂。竇皇后知道，皇帝已經不再寵信宋氏母子，那麼只需要壓死駱駝的最後一根稻草，便可以將敵對勢力剷除。

一天，宋貴人因病寫信要娘家幫忙買菟絲子治病，她不知道的是，竇皇后早已經吩咐內侍總管注意宋貴人的言行。信還沒有出宮就已經落入竇皇后的手中，竇皇后以此為藉口誣陷宋貴人用菟絲子做邪惡之術，詛咒皇上。章帝信以為真，下令讓宋貴人與太子到宮外居住。

野火燒不盡，春風吹又生。竇皇后為了防止他們母子捲土重來，便買通宮中侍女再次誣告宋貴人母子。糊塗的章帝，下詔廢皇太子劉慶為清河王。宋氏姐妹被送到宮廷法庭，由擔任宮廷侍衛的宦官拷問，她們因受不了酷刑而屈打成招，最終雙雙服毒自殺。

看到宋氏姐妹遇害，梁貴人很怕步上她們的後塵，於是將兒子劉肇送給竇氏撫養，子憑母貴，漢章帝果然改立梁貴人的兒子劉肇為皇太子。

梁家人看到這個局面心生歡喜，他們覺得劉肇如果以後做了皇帝，肯定不會虧待了梁家人。不知為何，這話被竇氏聽了

成功的女人
都是狠角色

去，對於竇氏來說，劉肇已經成為她的兒子了，怎麼能忍受他將來去照顧生母一家。於是她又將魔爪伸向了梁氏一族，她以匿名書誣陷梁貴人的父親梁竦，梁竦獲罪被殺，梁貴人姐妹憂憤而死。

一時之間，皇宮三千佳麗徹底成為了擺設。她們不敢去討好皇上，如果有誰意外被寵幸也都是戰戰兢兢，怕竇皇后嫉妒從招致禍害。從此，整個後宮成為了竇氏一人的天下。

所有的成功都不存在偶然，很難有人不付出任何努力就可以擁有想要的東西。尤其是封建社會的女人，社會環境不允許女人 頭露面，職場、官場和商場都沒有她們的容身之地，想要延續家族的榮耀，只有進宮一條路可以選擇。

竇氏殘害妃嬪，奪其皇子，成為了一個「壞」女人。可是換一個角度想，如果她任由別人受寵，等別人的兒子登上皇位。那麼，被陷害、被逼迫的那個人可能就是她自己了。想要成功，就不能婦人之仁，千軍萬馬過獨木橋，只有那個野心最大，手段最強硬的人才能贏。

竇太后

　　章和二年（西元八十八年），年僅三十一歲的章帝病逝，太子劉肇即位，是為漢和帝，尊竇皇后為皇太后。當時，因和帝年僅十歲，便由竇太后臨朝執政。從此，二十六歲的竇太后，為了他們母子的天下更加穩定，自然要牢牢地把權力抓在手中，所以在行事上也越發果斷狠辣。

　　她先是尊母親沘陽公主為長公主，為其增加了湯沐邑三千戶。她的哥哥竇憲及弟弟竇篤、竇景都被封官加爵，地位顯赫。早在光武帝劉秀登基時，曾頒佈了外戚不得專權的曆法，如今竇太后的行為既打破了東漢的律法，也開啟了東漢外戚專政的先河。為了獨掌朝政大權而又礙於聲望、資歷不夠，竇太后找到了仁厚順從的前太尉鄧彪，封其為太傅賜爵關內侯，朝中大小事務經鄧彪之手再轉由她定奪，進而實現了掌控內外朝、獨攬大權的野心。

　　竇太后要想真正地掌權，而不受到非議，她首先需要解決的就是劉氏的皇親國戚。一般來說，皇親國戚都有自己的封地，可是漢章帝覺得封地不如京師好，就都把他們留在京師供養，封地交給這些人的親信管理。

成功的女人
都是狠角色

　　皇親國戚們閒著無事，整日吃喝玩樂，因此特別關注朝廷內外的事情，時常對朝廷的政策品頭論足。對於竇氏外戚專權的事，他們經常說三道四，時間久了，竇太后實在無法忍受，決定想一個萬全之策將他們送回封地去。

　　正在竇太后為難之際，匈奴兵開始騷擾漢朝邊境。自高祖劉邦與匈奴大戰之後，他認為打仗既勞民傷財，又影響國家的發展，於是對匈奴一向採取和親的政策。這種做法雖然安撫了匈奴，但也間接助長了匈奴人的氣焰。

　　匈奴人見漢朝的統治者喜歡息事寧人，便抓住了這一弱點，偶爾就會到邊境鬧事，趁機要錢、要糧。竇皇后則認為一味地忍讓只會讓敵人更加囂張，與其給他們錢讓其安靜，不如打怕他們，一勞永逸。趁著打仗的機會，她命令京城中的皇親國戚趕回封地，守衛國土。從此，再也無人敢明目張膽地議論外戚專權的事。

　　不僅如此，竇太后還借漢章帝遺照的名義，罷黜郡國鹽鐵之禁，縱容豪強隨意煮鹽鑄鐵，由地方的鹽官、鐵官徵稅。自西漢至漢章帝以來，鹽鐵一直都是官營，朝廷可以透過壟斷鹽

竇太后

鐵來增加國庫收入。而竇太后的這一舉動，不僅不利於國家的
財政收入，還浪費了國家資源。但是，這個決定卻受到了豪強
地主及地方政府的歡迎，他們開始利用鹽鐵政策中飽私囊，大
發其財。而得到了地方政府與豪強支援的竇太后，在朝中的地
位更加的鞏固。

外有匈奴挑釁，內有強權不滿，竇太后雷厲風行地解決了
這些外憂內患，讓世人都見識到了一個女人強硬的手腕。

從初入宮門懂得韜光養晦的罪臣之女，到手握大權臨朝干
政的強勢太后，竇氏走了很長的一段路。她恢復了家族的繁榮，
也滿足了自己對欲望的追逐。

賈南風

醜女人的血色強權

慟哭六軍皆縞素，衝冠一怒為紅顏。

古往今來，多少英雄豪傑為了女人不顧一切，沉迷於女色「從此君王不早朝」的國君也不在少數。

從夏商開始到封建社會結束，幾乎每個朝代都會有這樣讓君王不早朝的女子出現：周有褒姒、鄭有夏姬、漢有飛燕、唐有玉環。這些娘娘們有著統一的特點——擁有傾國傾城的姿

賈南風

色。但是在西晉，有一奇女子，史書上是這樣記載的：短形青黑色，眉後有疵。但就是這樣相貌醜陋的女子不僅當上了皇后，還把持朝政多年，她就是賈南風。

賈南風雖然相貌極其醜陋，但是能當上皇后，絕對是狠角色。她是「八王之亂」的重要推手，讓大一統的中國，從此陷入了幾百年的分裂割據局面，留下千古惡名。

一個人的性格與成長環境有著極大的關係，賈南風善妒狠辣的風格，完全遺傳予她的母親。

賈南風的父親賈充是晉朝的開國功臣。賈充的原配夫人李氏，因受其父株連被流放邊境，賈充才續娶了城陽太守郭配之女郭槐，也就是賈南風的生母。郭槐生性妒忌，生下兒女後更是變本加厲。

賈南風的弟弟賈黎民，三歲時由乳母抱著在花園裡玩耍。賈充看見想上前抱抱兒子，無意間被郭槐看到了。郭槐頓生醋意，認為乳母和賈充有私情，不問青紅皂白，要人將乳母鞭打致死。

成功的女人
都是狠角色

　　司馬炎剛當上皇帝，天下大赦，賈充的原配李氏也被放回。歷經磨難的一家人應該重新在一起的，可是郭槐眼裡容不了李氏。深知郭槐火暴脾氣的賈充，不得已只能在外面買了一間小宅，供李氏安身。

　　由於賈充懼怕郭氏的撒潑使性，李氏的親生女兒賈荃、賈濬曾多次哀求其父看望一下母親時，皆遭到他的拒絕。雖然賈充對這位原配夫人心存愧疚，但是也不敢貿然登上李氏家門。

　　在這樣環境下成長的賈南風，從小就懂得妒忌是女人維護地位與利益的法寶。母親的盛氣凌人、潑辣忌妒，造就了賈南風飛揚跋扈的性格，也對她的人生造成了極其惡劣的影響。「賈家種妒而少子，醜而短黑。」這是晉武帝司馬炎對賈南風的評價，對於立賈南風為太子妃這件事，司馬炎一直都持反對的態度。

　　給太子娶妃，的確要以賢良淑德為主，姿色為輔，可是賈南風這樣的容貌到底是如何被立為太子妃的？說起來不過是一場政治聯姻罷了。

賈南風

　　賈南風的父親賈充本是魏國時期的臣子，後來司馬炎造反，他便追隨司馬炎起兵造事，殺死了魏帝曹髦，立下了汗馬功勞。司馬炎稱帝後，賈充作為朝廷重臣更是有著舉足輕重的地位。

　　西元二七一年，鮮卑部落酋長禿髮樹機能入侵，司馬炎開始考慮出戰人選。朝中一直對賈充不滿的任愷，趁機推薦有過卓越功勳的賈充去帶兵鎮壓。司馬炎也覺得很適合，便立刻下旨讓賈充出戰。

　　賈充早已經厭倦了打打殺殺的日子，不由得憂心如焚。後來同朝官僚荀勖建議賈充將女兒嫁給尚未娶妻的太子司馬衷。

　　為了讓這件事萬無一失，賈充讓妻子郭槐向楊皇后進獻大量金銀珠寶，請求皇后幫忙周旋此事。楊皇后自然也樂見其成，這不僅因為她收了賈家的錢財，也因為太子司馬衷不是什麼聰明孩子，甚至有些癡傻。只有太子妃娘家的勢力足夠強大，才有可能保住太子的位子，如此兩全其美的事，楊皇后是相當樂意的。

　　在皇后的一再堅持下，司馬炎同意了讓賈家女兒成為太子

成功的女人
都是狠角色

妃。不過，據說最開始與太子訂立婚約的是賈南風的妹妹賈午，賈午當時十二歲，比太子小一歲，兩個人年歲相當。可是賈午因為發育得比較晚，就像一個沒長開的小女童，無法撐起嫁衣。於是，賈家就臨時決定讓大女兒賈南風代替妹妹嫁給太子。

在多方利益最大化的情況下，既是政治犧牲品又是權力受益者的賈南風，就這樣登上了西晉的歷史舞臺。日後，她用實際行動證明了，她不是任人擺佈的棋子，而是可以主宰自己命運的狠角色。

♛

很多人都知道太子司馬衷是個大傻瓜，青蛙在池中鳴叫，他竟問身邊的人是為公還是為私而叫；後來他做了皇帝，百姓遭受饑餓之苦，餓殍遍野，他張口就說：「既然沒有糧食吃，為什麼不吃肉呢？」

武帝在位時，對這個不爭氣的太子曾有過廢長立幼的念頭，不少忠心耿耿的大臣也曾暗地裡提醒過他。楊皇后當然不希望兒子被廢掉太子之位，於是徹夜與武帝商談：「立嫡以長不以賢，是萬古不易的法則，陛下能無故改變嗎？」

賈南風

　　雖然司馬炎沒有立即廢掉太子，但是聰慧的賈南風開始意識到，懦弱無知的太子根本成不了大氣候。她要想方設法在宮中鞏固地位，為以後登上皇后之位打下基礎。

　　賈南風經常對傻瓜太子不屑一顧，甚至怒斥他，因此，即便後來司馬衷登上帝位後也對她畏懼幾分。在太子妃的淫威之下，太子活得戰戰兢兢，他的其他姬妾更是淒淒慘慘。

　　最為殘忍的一幕是，曾經有一名宮女懷上了太子的孩子，賈南風因為嫉妒便用武士戟射向孕婦的腹部。宮女立即血流如注，嬰兒從母親的肚子裡流出，場面血腥到讓很多七尺男兒都不忍直視，可賈南風卻面不改色地看著那一切。

　　司馬炎知道後大怒，他打算廢掉賈南風，將她囚禁在新落成的金鏞城。但充華趙粲、皇后楊芷和大臣楊珧都為太子妃求情，荀勗等人更是為此四處奔走地斡旋，最終還是讓晉武帝取消了對賈南風的處罰。

　　事後，楊皇后好言相勸賈南風，讓她注意自己的舉止，不要再惹出事端。可是賈南風卻以為是楊皇后在武帝面前搬弄是非，武帝才得知這一切的。在賈南風的世界裡，寧可錯殺

一千，不可放過一個，誰阻擋了她成功的道路，她就殺誰。因此，楊皇后此時在她的心中已然上了黑名單。

♛

縱然千般醜陋、萬般無恥，她還是有一項「本事」能在宮裡立住腳，那就是權術。史書說她「妒忌多權詐」。她與楚王司馬瑋合謀，先殺死輔國大臣楊駿，又誅殺其親族，然後殺死司馬亮及其黨羽，最後以圖謀不軌的罪名，反手除掉了楚王。賈南風還從妹妹那兒抱來一個男孩，冒充自己的兒子，又殺死了太子。

太熙元年四月，武帝司馬炎病死。太子司馬衷登基即位，歷史上稱為晉惠帝。惠帝初登基時，賈南風雖有心掌握大權，但她還是很有顧忌。原來，武帝臨終時將朝廷大權託付給皇太后之父楊駿。

為了控制惠帝，嚴防賈南風插手，楊駿任用外甥段廣為近侍官，專門在惠帝身邊掌管機密事務，另任用了親信張邵為中護軍，掌握中央禁軍。凡有詔命，楊駿撰寫之後交給惠帝，同時由段廣轉呈皇太后，使賈南風無隙可乘。

賈南風

多年的宮中生活，使得賈南風對政權越來越垂涎，但是擺在她面前的這座大山卻讓她停滯不前。

不過，機會是留給有準備的人，在賈南風耐心的等待之中，時機終於來臨。楊駿的專政，引起了朝野上下不滿。朝廷上下有不少大臣是開國功臣，楊駿卻不把他們放在眼裡，也不聽從別人善意的勸解，總是我行我素一個人說了算。宗室諸王與內外臣僚對楊駿的不滿，也就日甚一日。

賈南風善於拉攏這些對楊駿不滿的人，沒過多少時日，她的羽翼開始豐滿，逐漸策劃出一個廢黜皇太后、對付楊駿的計畫。

賈南風終於開始反擊了，她先命人前往荊州，拉攏楚王司馬瑋。司馬瑋年輕氣盛卻有勇無謀，當皇后派人前來求援時，他欣然答應出兵入朝。

永平元年三月八日，賈南風假傳惠帝詔書，指出楊駿有謀反之心。同時，楚王司馬瑋包圍了楊府，拉開了西晉歷史上有名的「八王之亂」的序幕。

楊駿被圍在府裡，猶如甕中之鱉，最終，他在亂軍中被砍

成功的女人
都是狠角色

死，楊府上下百餘人無一倖免，一律被處斬，府第被焚。楊駿的一幫親信官員也一併被誅殺，可見賈南風在防後患上做得是滴水不漏。

皇太后驚聞這樣的事變，無奈處在深宮，只好在手絹上寫上密旨「救太傅者有賞」，用弓箭射向城外。賈南風正愁沒有藉口除掉她，這樣一來可憐的太后竟被冠上「與楊駿同謀作亂」的罪名，遭到囚禁。

被囚禁的太后先是聽聞父親楊駿被殺害，後來又聽說賈南風強迫惠帝要處死楊駿的夫人龐氏。太后痛不欲生，不久活活餓死。如瘋子一般喜歡殺人的賈后，如此輕易地成為了權力的最大支配者，這或許意味著，還會有更多的人將走向死亡。

消滅了心腹大患，賈南風沒有被壓迫的感覺了，她可以隨心所欲地利用權力來為自己服務。她早已對惠帝不滿了，這個只知道沒有糧食吃便吃肉的君王，怎麼能瞭解女人的心思呢？

早在賈南風還是太子妃的時候，她便經常藉口看病，私下裡與御醫淫亂。

賈南風

　　現在大權在握後，她每日更是明目張膽地挑選英俊美貌的男子，無論是在宮內還是宮外，她都想方設法將他們搜羅進後宮。她還有一個怪癖，那些從宮外尋到的美貌男子通常在與她歡娛一夜後便神祕地失蹤了，據說都是被她殺掉，祕密地埋了起來。

　　淫蕩的生活在賈南風「黑皮悍婦」的形象上，抹上了濃重的千古淫婦的色彩，為後人所不齒。現在她掌握了大權，完全是為了自己的利益。但是當她發現如此的專政不是她想像的那樣時，她又開始蠢蠢欲動了，決定再下殺手！

　　原來除掉了楊駿後，有功之臣理所應當地被封相應的官職。時日久了，賈南風發現有些人總是有意無意反對她的意見，這令她大為惱火。她的機會又來了，汝南王司馬亮奏請諸王還藩，提議將地方的權力交給朝廷──這引起了屠戮有功的楚王司馬瑋的怨恨。

　　於是，賈南風準備在各王之間製造一些紛爭，巧設圈套來消除異己。永平元年六月，賈南風誣告汝南王司馬亮與太保衛瓘圖謀不軌。惠帝依照賈南風的「指令」，下詔書給楚王司馬

成功的女人
都是狠角色

瑋，讓他解除兩人的官職。

楚王司馬瑋接到詔書，連夜派兵將兩人府上圍得水洩不通，殺得他們措手不及——楚王司馬瑋抓住這個機會以洩私憤。其中，除了個別的人亂中逃生外，兩家人大部分都被殺害！

一夜之間，朝中兩名大臣竟遭此不測，其實這正合賈南風之心。朝野上下紛紛質疑，而賈南風卻宣稱司馬瑋「擅殺」，罪大惡極，應立即斬首以謝天下！惠帝不得不偏向賈南風，親自下旨，將司馬瑋送上了斷頭臺！

此時，賈南風也許應該無所欲、無所求了。現在的朝廷名義上是司馬家的，實際上已成為賈家天下了。但是有個很現實的問題，賈家天下無子相傳。原來，賈南風與惠帝生有四個女兒，就是沒有兒子！

沒有兒子不用怕，有辦法。這時的皇太子是司馬遹，其母是賈南風未嫁入之前，到東宮侍寢的才人謝玖。

賈南風入宮不久後她便生下了司馬遹。可是賈南風一直想廢掉這個太子，但是自己又沒有兒子。於是她想了一個辦法，從她妹妹那裡抱回一個新生兒，說成是自己的兒子，想在宮中

賈南風

引起一場改換太子的風波。

製造輿論是賈南風慣用的伎倆。她到處宣揚太子司馬遹的短處，說他生活糜爛，不願讀書，每天只知道吃喝玩樂，根本不能做太子。其實賈南風之心，路人皆知，只是沒人站出來反對她罷了。

元康九年十二月，賈南風詐稱惠帝有病，要太子覲見。既然是皇上召見，太子不好不去。進宮之後，賈南風端出一罈酒，以聖上欽賜為由，讓太子喝下滿滿的三大碗酒。

賈南風又讓人依照太子的口吻寫下一篇文章，逼迫酩酊大醉的太子照抄一遍。「陛下宜自了，不自了，吾當入了之。中宮（賈后）又宜速自了，不自了，吾當手了之。已與謝妃（謝玖）約定同時發難，滅絕後患，立吾兒司馬道文為王，蔣氏（太子側妃）為皇后⋯⋯」可以想像，惠帝看到這些話是什麼表情了。

晉惠帝總算做了一次決定，他下令先將太子囚禁起來，再聽候發落。賈南風沉浸在廢掉太子的喜悅中，竟沒有發覺朝中大臣微妙的反應。右衛督司馬雅等人開始密謀廢掉皇后賈南風，匡複太子。

成功的女人
都是狠角色

　　賈南風身邊有個親信趙王司馬倫，他手握兵權，很會諂媚，深得賈南風的喜歡。

　　不久宮中傳出這樣的消息，說是有人想匡複太子，廢掉皇后賈南風。這引起了賈南風的警覺。她越來越覺得消息是可靠的。的確，太子的羽翼確實不少，她現在應該當機立斷地處死太子，才能以絕後患！但是她沒想到，這恰恰是趙王司馬倫所設的圈套。

　　永康元年三月的一天，太子司馬遹被殺。賈南風本以為已經去掉了所有心腹大患，殊不知歷史上著名的「八王之亂」已經不可避免地要降臨了。

　　太子的死，引發了朝中很多大臣的不滿，他們趁賈后被獨攬大權的喜悅麻痹之時，開始計畫發動叛亂。朝廷之上大多數人早已經對賈南風心懷不滿，如今有人牽頭，他們自然呼應。牆倒眾人推，最終賈南風失敗了。

　　一杯金屑酒擺在了賈后面前，她可以選擇喝或者不喝，卻無法選擇死或者不死。既然難逃一死，她知道已經沒有掙扎的

賈南風

必要了。

　　從賈南風喝下毒酒那一刻起，她四十五歲的人生就宣告結束了。這個面貌醜黑、心如蛇蠍的兇殘女人，以狠辣強悍的姿態，以累積千古的罵名，以大起大落的經歷，定格在了西晉短暫的歷史進程裡，為後世留下了一個鮮明的「亂」字。

馮太后

成功的女人，
該狠的時候絕不會心軟

　　在中國歷史上，有那樣一群女人，她們或美豔、或醜陋、或家室顯赫、或出身卑微，但都走向了權力的巔峰，成為了直接或間接執掌皇權的女人，在男權法則裡畫上了舉足輕重的一筆。

馮太后

南北朝時期，北魏文明太后就是這群女人中的佼佼者，她憑著強大的內心，在無數次人生風雨中走了過來，最終牢牢掌控了北魏的軍政大權。

有人說，馮太后有情有義，當丈夫文成帝去世時，她義無反顧地奔向大火，想要追隨其去。也有人說，馮太后狠毒無情，當養子獻文帝將她的情夫殺害後，獻文帝莫名其妙死亡，人們不免去懷疑這是她的手筆。

馮太后是有情有義的，否則她也不會將獻文帝的兒子親自培養，讓孝文帝的大名在歷史的年輪中留下了濃墨重彩的一筆。但她絕不是愚善，她清楚地知道，想要成功，僅僅憑著善念是不夠的，尤其是女人，該狠的時候絕不能心軟。

馮太后的祖父是北燕最後一代君主馮弘，因為北魏太武帝逼進北燕，馮弘被迫逃往高麗，並最終死在那裡。馮弘死後，諸子分散，幾年後，馮氏的父母也因一場陰謀案雙雙身亡。

父母雙亡的馮氏將面臨進入宮中為奴的命運。不過，她的姑姑是拓跋燾的昭儀，因血緣之故，姑姑向皇帝請求，將 5 歲

成功的女人
都是狠角色

的她留在身邊撫育。

　　如果命運將一個女人推向深淵，她要做的就是奮力地往上爬，哪怕歷經磨難，遍體鱗傷。這一點，年幼的馮氏做到了。

　　當時的北魏是個秩序十分混亂的國家，皇帝殺太子，宦官君主，一幕幕大戲輪番上演，直到文成帝拓跋濬登基，北魏才進入一個相對平穩安定的時期。

　　文成帝登基為帝後，十一歲的馮氏被封為貴人。她雖然年紀小，但因為一直在姑母身邊耳濡目染，所以早已經將宮中的潛規則學得一清二楚，更因為她性子乖巧、聰明懂事，所以很受文成帝的喜愛。

　　太安二年，文成帝決定冊封皇后。北魏有個習俗，封皇后不憑家世，也不看皇帝的寵愛程度，而是由鑄金人來決定，誰能鑄成金人，誰就能當皇后。

　　為什麼要鑄金人才能遂願？史書上只說是「以成者為吉」，但因何「以成者為吉」，沒有言明，推測這恐怕與鮮卑舊俗有關。如今，常太后和拓跋濬遵照祖制，下令馮氏還有深得寵愛的四個嬪妃鑄造金人。

馮太后

　　鑄造金人，程式複雜而且精密，稍有不慎就會前功盡棄，這不僅看鑄造者的手藝還要涉及材料等問題。從小就在宮中摸爬滾打的馮氏早早就開始做了準備，連使用的設備材料都比別人的要好。

　　她平日裡經常去侍奉常太后，深得太后的心意，當然會偏得不少暗中指導，此外，也還很注意拉攏宦官，請他們為自己提供幫助。

　　當你決心做某件事時，全世界都會為你讓路，最後馮氏一舉鑄成金人，理所當然地成為了拓跋濬後宮的主宰。母儀天下這一年，她才十五歲。

　　她在剛被冊立為皇后不到一個月的時候，就賜死了另一個候選的妃子。馮皇后的鐵血手腕，初露鋒芒。然而到四六五年，文成帝駕崩的那年，馮皇后的事蹟才逐漸浮出水面。

　　獻文帝拓跋弘登上皇帝寶座，尊馮氏為皇太后。事實上，馮太后並不是拓跋弘的親生母親，按照自創國以來的規定，為防止外戚擅權，北魏有「後宮產子，將為儲貳，其母皆賜死」的規定。

成功的女人
都是狠角色

　　當然，這個制度也會使北魏後宮裡出現奇怪的現象，所有妃嬪都不希望懷孕，如果懷孕了也希望是個公主。當時馮氏對此也是十分擔憂的，為了保住性命，她決定在自己生下孩子之前，先讓文成帝立下太子。即便馮氏知道，自己這一做法會害死別人，但是她不能心軟，否則這麼多年的苦心經營將功虧一簣。如果在自己與別人之間選擇一個去死，她毫不猶豫地選擇了後者。

　　馮氏雖然有了這樣的心思，但是她知道如果不想背負罵名，這件事最好借他人之手來完成。馮氏利用深受文成帝尊敬的常太后，將李夫人的兒子拓跋弘推到了文成帝的眼前。拓跋弘被立為皇儲後，其生母李氏即被賜死。

　　不過，讓人匪夷所思的是，一個深受先帝喜愛的皇后，會在九年時間裡沒有懷孕生子；又或者她曾經懷過龍胎，卻使用各種手段，最終未能生下一男半女？福兮？禍兮？馮太后自己沒生太子，卻平安逃過死劫，坦然安坐太后之位。

　　根據北魏鮮卑人的習慣，帝王或一些地位很高的部族頭領去世以後，要有「累犬護駕」。也就是燒掉皇帝生前穿過的衣

馮太后

服、經常坐的椅子、睡過的床榻等等，據說這些物品燒掉後會變成護駕的神犬，護送皇帝的靈魂回到鮮卑族的發祥地——赤山，所有大臣和后妃還要到焚燒現場哭喪。

馮氏淚眼朦朧地望著先帝的遺物一件件投入火中，她想起了與文成帝鶼鰈情深的日子，一時間對生命失去了希望，縱身奔向火堆。

在場的人都被馮氏的舉動震驚了，連忙衝上前去搶救皇后。幸虧營救及時，她只是燒壞了衣服，但也由於被濃煙所熏昏迷了許久。

不過這次殉情，已經讓馮后以烈女形象定格在了文武百官眼裡，他們看到了皇后的大義凜然，也想到她在位多年兢兢業業地輔佐皇帝。因此，當十一歲的太子拓跋弘即位為獻文帝時，便尊馮氏為文明皇太后。

這千古一撲，贏得在場鮮卑、漢族文武官吏的贊許與信任，並為她以後攝政打下基礎。她要的就是這個結果。不過有個人卻讓她始終放心不下，就是掌握朝廷大權的乙渾。

乙渾是鮮卑族人，野心非常大，可能他覺得孤兒寡母好欺

成功的女人
都是狠角色

負，便暗中準備政變。「累犬護駕」後不久，他就拿出偽造的聖旨，在禁中殺害了尚書楊保年、平陽公賈愛仁等人，又把自投羅網前來奔喪的平原王陸麗殺掉──這是馮太后萬萬沒想到的。在後來的日子中，他自稱丞相，位居諸王之上，事無大小都由他一個人說了算。

朝廷內外人心惶惶，有傳言說乙渾準備改朝換代，先帝的基業很可能毀於一旦。其實非等閒之輩的馮太后已經準備好了，她也是在等待一個契機。當乙渾即將起兵謀反的消息傳來時，太后果斷地下令，命拓跋丕、隴西王源賀和牛益等人率兵去鎮壓叛亂、抓捕乙渾。造反軍自然敵不過國家軍隊，最終乙渾被捕殺，並夷滅三族。

乙渾的死，不僅讓北魏肅清了奸佞，更是在無形中豐滿了馮太后的羽翼，群臣都看到了年輕太后的勇敢與智謀，對她更加敬畏。

史書上說：太后密定大策，誅乙渾，遂臨朝聽政。自此，北魏王朝「事無巨細，一稟於太后」。她以輔佐年幼的獻文帝為名，掌握著朝政大權，實行垂簾聽政，「生殺賞罰，決之俄

馮太后

頃」。多謀略又多猜疑的馮太后，害怕別人在背後議論自己，對群臣稍有猜忌，馬上就對其進行誅戮。憑著強硬的手腕，馮太后一時「威福兼作，震動內外」。

同時，在這場血腥的殺戮中，馮太后也深刻地意識到了權力的重要性。沒有權力，即使是一國之君，也會被臣子欺凌。她是皇后時，朝廷的事只能看，不能問。如今她已經成為輔助幼主的太后了，後宮不是她的天地，只有控制住整個朝廷，才能真正掌握自己的人生。至此，她要真正地掌控朝政大權，並宣佈臨朝稱制。

可惜馮太后的這次臨朝聽政，前後僅有十八個月的時間，不然北魏的文明肯定會向前再推進一步。但就在這短短的一年多時間裡，她憑藉自己非凡的膽識與閱歷，穩定了北魏動盪的政局，也在殺伐果斷的行事作風中培養了忠於自己的大臣，而這些都將是她日後極寶貴的財富。

馮太后臨朝稱制十八個月時，獻文帝的妃子李夫人生下一個男嬰，馮太后對這個男嬰非常喜歡。她決定讓獻文帝親政，而自己專心撫養長孫。但事實上，她仍然時刻關注著朝廷政事，

成功的女人
都是狠角色

在一定程度上對獻文帝進行著控制。或許她原本是想「照章辦事」，現在一切都穩定了，她只要將政權還給皇帝便一切都不會發生了。可此時的她偏偏習慣了掌管朝政，喜歡上了這種權欲的感覺。

與此同時，日漸長大成人的獻文帝也越來越希望自己能有一番作為，從而對馮太后獨攬大權的局面，表現出了明顯的不滿。而且，馮太后的風流韻事也成為了獻文帝不滿的另一個原因。

北魏是個少數民族政權，在禮教上更開放一些，由於文成帝的早逝，馮太后年紀輕輕就守寡了，身體上的欲望讓她經常會留意一些長相俊美的男子，如果合她的意，她就會讓他們留下來陪她。風流倜儻的官宦子弟李奕，就是在這樣的情況下進入了馮太后的視線，讓她一見如故，經常將他召進宮來侍奉在左右。

對於馮太后大張旗鼓找面首這件事，獻文帝覺得十分難堪，但是自己又因沒有實權而無能為力。為了可以與太后抗衡，獻文帝開始有意打壓馮太后一黨，大力提拔跟馮太后不和的臣

馮太后

子，以此來建立自己的政權。

　　皇興四年十月，獻文帝為了向馮太后示威，找了一個藉口便將李奕及其兄李敷問斬。馮太后知道後大怒，終於下定決心要廢掉獻文帝。

　　一場鬥爭正式開始了，獻文帝雖是皇帝，可他面對滿腹才華的馮太后，還是顯得有些稚嫩。獻文帝在殺李奕時，已經料想到馮太后的憤怒，但是他沒想到太后居然要廢掉自己。獻文帝曾躊躇滿志地想幹一番事業，但如今太后卻公然要廢他，這讓他陷入了舉步維艱的困境。

　　此時，他即便有些後悔自己的作為，也已無可奈何了，為避免殺身之禍，他作出了讓出皇位的決定。但他知道，若讓位給太子，必會繼續受馮太后控制，局勢仍舊不會改觀，於是他靈機一動，有了一個新主意。

　　皇興五年八月的某一天，獻文帝召集群臣，宣佈他將傳位於自己的叔父拓跋子推。他認為這樣一來，馮太后便不能將權力盡歸己有了。

　　然而令他沒想到的是，群臣竟然異口同聲地反對。迫於壓

成功的女人
都是狠角色

力，他只能放棄了這個計畫，按照規矩將皇位傳給了自己的兒子，即太子拓跋宏。年僅五歲的拓跋宏登基，這就是歷史上著名的孝文帝。馮太后則開始了第二次臨朝稱制。

讓位之後的獻文帝有時也會很不甘心，曾試圖奪回自己的權力。他不僅干預朝政，還親自帶兵南征北戰。他確實擁有非常優秀的軍事才能，而且經常取得勝利，但一些不合理的舉動還是為了遭來了殺身之禍。

延興五年冬十月，獻文帝在平城北郊舉行了大型閱兵儀式，天下震動。一個太上皇居然如此氣派地閱兵，這不是要造反嗎？

馮太后再也不能坐視不理了，經過一番精密的佈置，她傳召獻文帝進宮，對其進行了逮捕和軟禁。至於獻文帝的死因，有人說是馮太后下令處死，有人說是軟禁至老死。說法不一，但是他再也沒有出現在北魏的朝堂之上卻是事實。

再次臨朝稱制的馮太后，經過了年歲的增長和閱歷的增多，無論才識、氣度還是政治經驗，都更加成熟了。獻文帝死

馮太后

後，政局又動盪起來，剛剛平息的貪污之風又捲土重來。而這時的馮太后，不再念及舊情，開始殺伐果斷。她迅速派親信在全國範圍內查處貪污之人，一經查處，全部處死，絕不姑息。

獻文帝被殺，他的親信當然不服，其中就包括獻文帝的外祖父李氏一家。面對他們，馮太后也沒有留絲毫情面，凡是有野心的世家，都不會讓他們有好下場。

一時間，全國上下血流成河，改革都是要付出代價的，如若不這樣，馮太后只要做點什麼這些人就出來搗亂，這不僅阻止了國家發展的腳步，讓容易讓一些小人跟風而動，惹得朝堂人心不安。

雖說馮太后殺過不少人，可是她並沒有視生命如草芥，有些即使是獻文帝的心腹，只要沒有篡權的野心，她都加以安撫，不計前嫌，事後仍待之如初，有的還因此更加富貴。如獻文帝的親信任內三郎的妻提，曾因獻文帝被害憤然拔刀自刎，幸好被人及時發現救了下來。

馮太后不僅沒有怪罪他，反而下詔嘉獎他的節義。原來心懷不滿的大臣，後來也被她的舉動所感服，這在很大程度上化

成功的女人
都是狠角色

解了一些潛在的不安定因素。

♛

馮太后為了權力，曾經趕獻文帝下臺，最後甚至將其軟禁起來，可見手段之狠毒。可是她對孝文帝這個孫子卻異常寵愛，在實行全面改革的過程中，一直讓他參與其中，鍛鍊了小皇帝的能力。

其實起初馮太后對這個孫子也是非常忌憚的，因為孝文帝自小就聰慧過人，馮太后怕重蹈獻文帝的覆轍，三番兩次想要加害於他。她甚至將還是孩童的孝文帝關了起來，不給衣服穿，不給飯吃，企圖讓他自生自滅，最後是在男寵李沖等人的勸說下才放過他。

然而，即便馮太后已經沒有了容人之心，可是從小被她養大的小皇帝，對她卻有著深深的感情，而且聰明的他看到太后施行的改革，也對祖母產生了深深的崇拜。所以無論馮太后怎麼對他，他都沒有絲毫的怨言與不滿。

這份真情打動了馮太后，一向是非分明的她，只是怕又養大一個獻文帝，而不是真的對孫子有什麼怨恨。從此她不再對

馮太后

孝文帝發火,而開始真正以祖母身分去培養和訓導這個皇孫。從太和十年開始,她不斷地讓孝文帝接觸政務,熟悉國家大事,許多政務也都讓他親自過問管理。自幼就能力不俗的孝文帝,在學習與歷練的過程中進步極快,這一切都令馮太后感到欣喜。

馮太后對待異己是異常狠毒的,那是因為她擔心自己的權力被奪。而在生活中,她卻是一個心胸開闊之人。身邊的奴僕若一時不慎或辦事不周,她不會像其他當權者那樣大發雷霆,有時還會笑著安慰犯事者,讓他們以後小心些便是。這些事都對孝文帝或多或少有著影響。

正是馮太后的用心栽培,孝文帝才一點一點成熟起來,也是受祖母的影響,文化融合民族統一才成為了他的理想。最終,在馮太后去世後,孝文帝把「太和改制」推向高峰,這當然不只是他的功勞,也驗證了馮太后作為一位傑出政治家的成功之處。

馮太后臨朝聽政長達二十五年,現在史書上說的「孝文帝改革」,就是在她輔佐時期進行的。俸祿制、三長制、均田令

成功的女人
都是狠角色

等一系列變革，對當時的政權建設、人口管理、土地開發等都產生了劃時代的影響，進而使北魏的國力達到了鼎盛的階段，並且為後來隋朝統一中國、隋唐大繁榮奠定了一個堅實的基礎。

　　西元四九〇年，四十八歲的馮太后死於平城皇宮的太和殿。回顧北魏文明太后的一生，幾經生死考驗，她都頑強的挺了過來。不僅如此，她還成為歷史上鮮有取得如此巨大政治成就的女人，這與她善惡分明的性格有關。可見，心狠與善良從來都不是對立的兩面。

武則天

腳踏白骨登上帝位，手染鮮血君臨天下

　　後宮中的女子大多關注點都一樣：妝容服飾是否得體；怎樣得到皇帝的寵幸；如何才能誕下子嗣；是否可以為娘家做些什麼……從炎黃大戰蚩尤到封建社會結束，後宮的女人們想要的無非就是這麼多。

成功的女人
都是狠角色

　　然而，有些女子生來就不關注這些女人畢生的盼望。對於她們，站到權力的頂端才是一切行為的原動力。所以，她們可以做到尋常女子沒有的狠辣與果斷，可以忍受世俗的偏見與非議，窮盡一切力量達到自己的目的，永不言棄。一代女皇武則天就是這樣的女人，一個讓封建制度都為其讓路的女人。

　　作為李世民的昭儀，武則天顯然沒有辦法施展自己的才華，在這位唐太宗的眼中，女人就該如同長孫皇后那般賢良淑德，怎麼可以想到馴服獅子驄這般狠毒的辦法。顯然，性格決定武則天初入宮的命運，即便她出落得嬌美奪目。

　　武則天不得不默默做了十二年的昭儀，她就像普通後宮的妃嬪般做著普通的事情：侍弄些花草，做一點可口的點心，在心愛的羅裙上繡一點屬於自己的標誌。十二年，她就在熱鬧的後宮中獨立著，臉上帶著一副看透萬物的清醒，內心卻藏著改天換命的決心。

　　她漸漸明白，後宮的複雜與人性曲折遠超想像，與前朝的聯繫更是錯綜複雜，想要完成自己的夢想，僅憑她一人之力是不可能的。皇帝自然是最好的依附，但李世民的態度已經很明

武則天

顯了，武則天自然不會傻到再去爭寵，畢竟她已經進宮多年，論資歷比不上那些有子嗣，有地位的妃子，論姿色，比不上那些剛進宮的年輕女孩。

一個大膽的想法在武則天腦海中誕生了——去依附成年的皇子，這不僅打破三綱五常，更是對皇權的藐視。

或許，只有足夠狠的女人，才能成就自己的野心與夢想。於是，武則天開始對皇子們進行分析與評測，她在賭自己的命運，如果稍有不測，將會萬劫不復。

大膽籌畫，謹慎實施，武則天的成功不是沒有道理的。太子李承乾是唐太宗與長孫皇后的嫡長子，深受李世民的喜愛，也是最有可能繼承皇位之人。但武則天知道，李承乾不是容易操控的人，況且其他皇子對皇位同樣虎視眈眈，繼承人的歸屬還是一個未知數。

機會都是留給有準備的人，在李承乾與胞弟李泰爭奪太子之位時，武則天悄悄攀附上同樣為嫡子的李治，李治品行端正卻膽小懦弱，剛好符合武則天的要求。為了實現自己自己的雄心大志，武則天竟不顧人倫與李治糾纏在一起。顯然，武則天

成功的女人
都是狠角色

大女人的性格深得李治的喜愛，再加上禁忌之戀獨有的誘惑，李治在武則天的誘導下深陷其中。

貞觀二十三年，李世民駕崩，李治即位為唐高宗。武則天與一些沒有子嗣的妃嬪入感業寺為尼。

三年守孝期過後，李治如約而至，看見心愛女子憔悴不堪的模樣，他迫不及待地想要將其接回宮中，但是囿於倫理朝綱，他需要一個合理的理由。

兩個人之間的情愫被王皇后看在眼裡，她覺得這是打擊情敵蕭淑妃的絕佳機會，還可以獲得李治的信任。有了王皇后的幫忙，武則天順利回到宮中。多年的隱忍，讓武則天學會了藏拙，她開始依附王皇后，幫助其對付蕭淑妃，進而獲得王皇后的信任。

沒有永遠的敵人，只有永遠的利益，武則天利用王皇后在後宮漸漸有了些根基後，不僅產下皇子，還被封為昭儀。但這些遠遠不能滿足武則天的野心，她要成為後宮之主，取王皇后而代之，即便王皇后是曾經幫助過她的恩人。

武則天

　　過多的仁慈只會讓人離成功越來越遠，必要的狠毒，才能在通往皇權的道路上走得更遠。終於，武則天還是對王皇后下手了。為了瓦解王皇后在後宮的地位，武則天命人放出不利於王皇后的謠言：王皇后與其母柳氏找來巫師，企圖用厭勝之術將武昭儀詛咒而死。

　　後宮本就是一個是非之地，不用武則天過多渲染，這些話很快也傳到了李治的耳中。一時間，龍顏大怒，李治下令將柳氏趕出皇宮。

　　為了安慰武則天，他又升其為一品宸妃。不料，卻遭到了宰相韓瑗和來濟的反對，最後不了了之。武則天雖然沒有晉升成功，但是她清楚的知道，越是這樣李治越內疚，對王皇后也就越加厭惡。

　　王皇后出身世家，又深受關隴門閥的支持，想要廢后不是一件容易的事。在籌謀劃策中，她誕下了長女安定思公主，看著李治對女兒的喜愛，武則天心生一計。

　　據《新唐書》和《資治通鑒》記載，在安定思公主出生一月之際，王皇后前來看望，並逗弄公主玩耍一會。王皇后走出

成功的女人
都是狠角色

去後，武則天將公主掐死，又蓋上被子掩飾。「恰巧」李治來到，武則天假裝歡喜，拉著李治去看孩子，猛然發現女兒已經去世，她立刻表現得悲痛欲絕。

李治問身邊的人公主是怎麼回事，身邊的人都說：「皇后剛剛來過這裡。」

李治勃然大怒，說道：「皇后殺了我的女兒！」武則天趁機哭泣著數落王皇后的罪過。王皇后無法解釋清楚，畢竟除了王皇后，只有武則天接觸過公主，誰又能想到，一個母親會親手殺掉自己的骨肉！

為了讓武則天從喪女之痛中走出來，李治提出廢王立武的想法，卻遭到長孫無忌等人的強烈反對。廢后不成，讓李治十分沮喪。

成功的女人不僅手段狠毒，心思更加縝密，武則天利用李治與以長孫無忌為代表的關隴門閥之間的矛盾，成功剷除了王皇后與蕭淑妃，自己成為母儀天下的皇后。

更重要的是，她利用李治這個利器，剷除了前朝那些反對

武則天

自己聲音，並培養出李義府、許敬宗等心腹。前朝後宮，武則天才是最大的贏家。可見，想要成功必須學會利用並製造機會，才能成就自己的夢想。

王皇后與蕭淑妃被貶為庶人後，武則天並不打算就此甘休。她深知野火燒不盡，春風吹又生的道理，便將王皇后與蕭淑妃囚禁在密室之中。二人困在裡面，晝夜不見日月，終日只能以淚洗面，互訴悲苦。

一天，李治想起了被廢的王皇后和曾經寵愛的蕭淑妃，便想去看看。只見門禁嚴錮，只有一個小孔進入飲食，唐高宗不禁動了惻隱之心。他走上前去，大聲說：「皇后、淑妃，妳們還好嗎？」。

王皇后、蕭淑妃聽見是皇上的聲音，兩人喜出望外，泣不成聲地哭訴：「陛下幸念疇日，使妾死更生，復見日月，乞署此為回心院。」唐高宗傷感之下，淚眼朦朧，滿口答應「朕即有處置！」

成功的路上，不進則退，一旦回頭，等待武則天的並不是歲月靜好，而是在殺人不眨眼的後宮被肆意踐踏，所以她不

成功的女人
都是狠角色

可能給王皇后二人捲土重來的機會。為了切斷李治對王皇后二人的情絲，武則天果斷地揮起屠刀，下令對王、蕭二人各杖一百，砍去手足，浸於在酒中，名曰「骨醉」。

一個目標達到之後，馬上立下另一個目標，這是成功的人生模式。武則天將皇后的位置坐穩之後，開始將爪牙明目張膽地伸向前朝。

她依仗李治的寵愛，經常評論國家政事，對於皇后的治國才能，李治沒有像他父親一樣忌憚，相反，他給了武則天更多的機會。顯慶五年十月，李治風疾發作，不能處理國事，只好讓武則天幫忙處理政務。從這以後，宮廷裡的許多政事，李治都委託武則天處置。

看著武則天在朝中的聲望漸漸超過了自己，李治有了廢后的心思，他縱然寵愛武則天，卻也沒有把李家江山拱手相送的想法。

麟德元年，李治命宰相上官儀起草廢掉武則天的詔書。墨蹟還未乾透，聽到消息的武則天及時趕到。見到李治後，武則天軟硬兼施，反覆賭咒發誓自己對他絕無二心，廢后之事就此

武則天

作罷。

　　因為忌憚武則天的手段，李治不僅撕毀了詔書，還將責任都推到上官儀的頭上。武則天知道這是李治為了撇清自己的藉口，但是她本就不能對李治採取什麼措施，便借這套說辭剷除異己。她命令許敬宗以謀逆的名義將上官儀、李忠等人盡數抓獲，一一處死。

　　在這場權力的角逐中，李治已經不是乖乖的盟友了。武則天面對丈夫的懷疑、疏離，不僅沒有傷心，反而十分冷靜。感情對於她來說，已經是可有可無的存在。

　　此後，武則天變相地將李治控制住，不僅不能隨意接見官員，更不讓別的女人有靠近他的機會，為此她還把自己的姐姐接入宮中。

　　李治剛剛打消廢后的念頭，就被武則天雷厲風行的手段嚇住了，從此絕口不提廢后之事。武則天趁此機會向李治覲見，意思是說李治雖然勵精圖治，可是心地善良，容易受小人蠱惑，上官儀就是很好的例子，為了避免這樣的事情再次發生，她需要陪他一同上朝。

成功的女人
都是狠角色

從這以後，李治每次上朝，武則天都在後面垂簾聽政，政事無論大小，她都要參與，官員生殺予奪，全部取決於她一句話。李治這個皇帝徹底成了擺設，朝廷內外稱他們為「二聖」。

與李治並駕齊驅於朝堂之上時，武則天的地位已經無人可以撼動，但是這滿足不了她的野心。已經嘗到了翻手為雲覆手為雨的快感，武則天看向那個離自己僅有一步之遙的皇位更加不能自拔，顯然「二聖」並不是她想要的終點，在武則天心中，只有成為天下獨一無二的王，才可以滿足自己的欲望。

如果說，武則天在這之前的狠毒都是為了生存，那麼此後，她所做的一切都是為了改變歷史，成為一代女皇。

有人說，武則天的帝位是靠逼丈夫、殺子孫，殘害大臣而來，然而哪個執政者的雙手不是染滿了鮮血。太子李弘在合璧宮，暴斃而亡；李賢被污衊謀反叛亂，流放他鄉；李顯登基數日，趕下龍椅；群臣只要有反對的聲音，必定遭遇毒手……

在長達數十年的人生軌跡中，在各種嚴峻和複雜的客觀環境裡，在互相傾軋的勾心鬥角和你死我活的慘烈較量中做到遊

武則天

刃有餘和舉重若輕，為了權力，即便付出自己親生兒女的性命
也在所不惜。

　　至此，朝堂上下已經歷經了無數次的血雨腥風，李氏宗親
們怕了，大臣們也怕了，朝野上下再無任何人敢公然反對武則
天，他們怕腰斬，怕車裂，怕剝皮，怕俱五刑⋯⋯

　　天授元年，武則天宣佈改唐為周，自立為帝，定都洛陽，
建立武周王朝。花甲之年，榮登帝位。她的一生，何其磅礴，
何其壯觀。

　　當機關算盡的武則天最終登上覬覦已久的皇帝寶座時，也
就是她走向更狂妄專橫和冷酷無情的時刻。儘管武則天也曾為
當時的時代演變和社會進步作出了巨大貢獻，但她為了滿足一
己之私而無所顧忌的作為，的的確確讓當世臣民心寒齒冷、坐
立不安。

　　而她取唐室後裔而代之的做法，不僅是史無前例的離經叛
道，更是遭到了朝野上下的激烈指斥，甚至群起而攻之。在那
種強敵林立、危機四伏的政治背景下，她所受到的威脅遠非一
般的君王可堪比擬。

成功的女人
都是狠角色

　　不可否認的事實，就是武則天的包藏禍心和殘酷無情，其更深層的根源在於她作為一個女皇帝在現實環境中所面對的不可避免的艱辛。這個曠古未有的奇女子，十四歲便隻身入宮，之所以能夠取得日後的榮耀與權勢，也全是由她一個人以生命為賭注，不斷努力、始終抗爭的結果。

　　縱觀武則天的帝王之路，助她前進的，是永不滿足的勃勃野心，但僅僅靠野心，她又無法達到這個高度，除了野心，還有環環相扣的智謀和綿綿不絕的殺戮。她是中國歷史上唯一一位女皇，是一顆耀眼的星辰，是一株璀璨的牡丹，是我們所有女性的驕傲。

韋后

妳的野心有多大，
離成功就有多近

　　江風海霧，去燕來鴻，時間不會為任何一人停留，可歷史上那些充滿色彩的女子卻從未被塵埃掩埋，失去原本鮮豔的色彩，她們在歷史的年輪上刻畫出獨特的字元。

　　如果說要用手段很辣，殺伐果斷，冷酷無情來形容一個女

成功的女人
都是狠角色

子，除了韋后，應該沒幾個人可以擔當起這樣的字眼。

韋后，武則天的兒媳，她貪婪、淫蕩、謀殺親夫，曾攪得洛陽城風雲變幻，害得李唐王朝雞犬不寧！若非際遇弄人，她很有可能成為「武則天第二」。

韋氏的人生經歷似乎與其他掌權的女子有那麼一些不同：一些女人是因為經歷家破人亡，對權力滋生了欲望，比如北魏馮太后；還有一些女人是因為徹底被男人傷透了心，才決定利用權力增強安全感，比如發明了「人彘」的呂后。

相比於她們，韋氏對權力的欲望彷彿與生俱來。她出生於官宦世家，從小錦衣玉食並沒有吃過什麼苦，可是她依然熱衷於成為太子李顯的妃子，最終成為一國之母。

她帶著對未來的幻想住進了東宮，但讓她沒有想到的是，她根本就不是李顯第一個太子妃。在她之前，李顯還曾有過兩次大婚，當時的太子妃入住東宮沒多久，就因為得罪武則天而被殺害。

韋氏入宮時，武則天當政，處理事情的手段積極殘忍，無

韋后

論後宮或是朝堂之上，人人自危。對於一個剛剛走出家庭女性來說，婚姻是一個重要的人生轉折，每個女人都會心生忐忑。更何況韋氏是嫁入的皇家，面對武則天這樣的婆婆，即便她已經做好了準備，但是當知曉前面兩個太子妃被處死時，她真的怕了。

當面臨困境時，有的人很快能坦然處之，有的人可能在打壓之下頹廢至極，韋氏是前者。在她看來，不入虎穴焉得虎子，既然想要成為一國之母，成為太子妃是必要條件，即便這條路再艱難，她也不想放棄。

有時候，欲望會讓一個人的內心變得更加強大。想明白這個道理後，為了可以在皇宮中生存下去，她開始小心翼翼地討好武則天，得到了武則天的喜愛。

韋氏小心翼翼維持著這份身為太子妃的榮耀，本以為一旦當上皇后，就可以苦盡甘來。現實讓她明白有時候理想讓人嚮往就是因為太美好了，但這份美好並一定會長久。

入宮四年後，太子李顯登基，韋氏為皇后。已經在武則天身邊委屈多年的韋氏，在被封後時覺得揚眉吐氣的一天終於到

成功的女人
都是狠角色

了，於是開始對權力伸出魔爪。而她的父親韋玄貞也在等著女兒光耀門楣的時刻，自然不會放過這樣的機會，父女二人時常在一起商議如何從中宗手裡得到更多的權力。

這個時期的唐中宗李顯其實也處於一種很尷尬的地位，他雖然是皇帝，卻沒什麼實權，整日要受母后武則天與輔政大臣裴炎的左右，因此也有心要借助妻子一族的勢力，提高自己的地位。只是他太高看自己了，也太小看他心狠手辣的母后了。

受韋后枕邊風的影響，李顯把韋玄貞由普州參軍提拔為豫州刺史，不久後又想升其為宰相，這次立即遭到了裴炎的反對。李顯大怒道：「我以天下給韋玄貞，也無不可，難道還吝惜一個侍中嗎？」

裴炎將這番話如實地報告給了武則天，武則天當然對李顯的舉動大為惱火。二月，繼承皇帝位才五十五天的李顯被武則天廢為盧陵王，貶出長安。不僅如此，韋氏的父親也被殺害，一家人慘遭劫難，最終只有兩個妹妹僥倖存活。可以說，李顯被廢給韋氏一族帶來了滅頂之災。事後，唐中宗的弟弟李旦做了傀儡皇帝，即唐睿宗。

韋后

　　當時，韋氏已懷有身孕，顛沛流離的路途中，韋氏產下一個女兒，窮困潦倒的夫妻倆當時連一塊可以包裹嬰兒的被子都找不到，只能用衣服裹住孩子，於是給她起名為李裹兒，這就是後來的安樂公主。當然，李顯夫婦也對這個誕生於特殊境遇下的女兒格外疼愛。

　　來到房州後，韋氏很快展現了堅毅隱忍的一面。她在出宮時曾偷偷賄賂了護衛，私自帶了些首飾出來，此時正可以將首飾換成錢，用來修房子、養家人。日子雖苦，但也過得下去。如果沒有武則天派人監管，想必他們就跟普通人家也沒有什麼兩樣吧。

　　為了幫助妻子減輕負擔，在宮中衣來張口飯來伸手的李顯，也漸漸學會做一些家務。在那破舊的安身之所，他們生活得清貧，卻也和睦，可是這並不能阻止他對未來的擔憂。每當武則天在洛陽的所作所為傳來時，他經常夜不能寐，總怕有一天自己也會淪為階下囚。尤其是武后派人來試探他們時，他就會被嚇得魂飛魄散，甚至曾經試圖自殺，幸虧被韋氏及時發現。

　　此時的韋氏，在想法上比一般男子還要豁達，她對李顯說：

成功的女人
都是狠角色

「禍福並非一成不變，最多不過一死，您何必這麼著急呢！」
在妻子的鼓勵下，李顯漸漸平靜了下來，對於未來雖然不抱憧
憬，但也暫時止住了悲觀絕望的情緒。

這段患難與共的日子，無論對於李顯還是韋氏來說，都是
影響重大的。如果沒有苦難中的相濡以沫，李顯日後也不會那
麼縱容自己的皇后，而韋氏也不可能那般心安理得地想要攫取
一切。

或許正是李顯的這句「如果日後我能重見天日，一定會讓
妳隨心所欲，不加任何限制」，為二人未來的命運埋下了伏筆。
那時他怎會想到，有朝一日，韋氏會在他的放縱下無法無天，
最終要了他的命，甚至還想要大唐的江山。

被流放十五年後，武則天終於決定把李顯一家從房州接回
京都。而那時，女皇已登基為帝很多年了。

重回朝堂的李顯又被重新立為太子，可是韋氏卻再也高調
不起來了，她知道只要有武則天在，她就必須低調做人。已經
學乖的韋氏將女兒許配給武氏家族，希望女皇念在聯姻的份上，

156

韋后

可以保他們一家平安。

　　然而災禍卻說來就來，手無縛雞之力的人只能任憑宰割，誰握有至高權力誰就有生殺的自由。這時的武則天正寵愛著面首張氏兄弟，很多大臣都為此不滿。

　　韋氏的獨子李重潤、女兒李仙蕙和女婿武延基也對此多有抱怨，被張易之的線人偶然聽到，於是張易之便添油加醋地到武則天那裡告狀。

　　武則天盛怒之下，逼迫李顯處理這件事，無奈之下李顯只好逼死了兒子、女兒及女婿。韋氏肝腸寸斷，痛不欲生，但也正是這件事讓她對權力有了更大的貪念。如果有了權力，她的父母就不會丟掉性命，她的兒女也不會死於非命。

　　機會終於來了，神龍元年（西元七〇五年），因不滿女皇對張氏兄弟的寵愛，鳳閣侍郎張柬之、鸞台侍郎崔玄暐等五人發動了兵變，逼迫武則天禪讓，李顯復辟，這就是歷史上著名的神龍政變，韋氏也重新當上了皇后。

　　那時的韋氏對武則天已經恨透了，可是也被嚇怕了，她只

成功的女人
都是狠角色

能默默詛咒武則天早點死去。雖然不能對武則天怎麼樣，但是她本就不是可以一笑泯恩仇的人。等到她真正掌權的那一天，她為報家破人亡之仇，不惜發動兩萬兵馬，將當年殺害父親的人全部殺死，一夜之間，長安城血流成河。

李顯果真兌現了他曾經對韋氏的諾言，無論她做什麼，他都不反對，隨她手握大權任意妄為。在李顯的縱容下，韋后將權力玩弄於鼓掌之中，就連殺人都成為了遊戲。

韋后的女兒安樂公主，在父皇母后的寵愛下更是無法無天，她要求唐中宗立她為皇太女，甚至想要效仿武則天成為第二個女皇。

這種無理要求遭到了左僕射魏元忠等人的強烈反對，畢竟儲君是國家未來的根本，唐中宗也不敢冒天下之大不韙，真的讓一個公主登基為帝。當時的太子是李重俊，他不是韋后所生，安樂公主自是不把他放在眼裡，三番五次地對其進行羞辱，還經常叫太子為奴才。太子知道自己根基淺薄，即便被如此欺辱，也只是敢怒而不敢言。

一次，安樂公主為了彰顯地位竟然寫下一封詔書，並在父

韋后

皇面前把前一部分遮住，讓他加蓋皇帝印，中宗竟也笑呵呵地答應了她的要求。在父母的溺愛下，安樂公主更加囂張跋扈，她向中宗索要昆明池，以作為她的私人湖泊。中宗以沒有先例為由委婉拒絕了女兒，安樂公主便怒氣衝衝地命人挖掘一個長達數里的定昆池。

此外，她還派奴僕到民間搶奪女子，充當她府上的奴婢。有人把這些情況上告到左台侍御史袁從一那裡，袁從一秉公執法，逮捕了安樂公主的奴僕。安樂公主竟請中宗下令釋放，軟弱的中宗也竟然同意，以致袁從一氣憤地說：「皇上如此辦事，何以治天下！」

安樂公主一心要當皇太女和女天子，又和武三思等人狼狽為奸，禍國殃民，這一切都使太子李重俊感到了極大的威脅和深深的不滿。

在韋后、安樂公主等人的欺凌下，太子漸漸意識到忍耐不是最終辦法，他們對自己所做的不僅是欺凌，還想要取而代之。於是，他發動了景龍政變。

一番籌謀之下，李重俊聯合一些對韋后集團不滿的大臣，

率領三百餘人衝進武三思的府邸，殺死武三思、武崇訓父子及其黨羽十餘人。而後又命令左右金吾大將軍成王李千里，率軍闖入肅章門，在皇城內搜尋韋皇后、安樂公主與昭容上官婉兒。聽到消息的韋后，迅速擁簇唐中宗奔向玄武門，並召左羽林軍將軍劉仁景護駕，讓他率領留軍飛騎及百餘人在樓下列守。

隨後，李多祚等率軍趕到現場，想衝上玄武門樓，結果被宿衛士兵阻止。唐中宗趴在樓檻上，對千騎士卒喊話道：「你們都是我的衛士，為何要作亂？若能歸順，斬殺李多祚等，將長保富貴。」

千騎軍官王歡喜等人當即倒戈，斬殺李多祚和李承況、獨孤禕之、沙吒忠義等。至此，政變軍潰散，政變失敗。

李重俊的命運也由這場政變而發生了轉折，他再也不可能是大唐的太子了，並在奔逃中死於終南山。

隨後，韋后又將矛頭對準了李顯的另一個庶子李重福，因為他的王妃是張易之的外甥女，韋后就將兒女被殺害的怨氣發洩到李重福頭上。她在李顯面前舊帳重提，說當初李重潤被迫自殺，就是李重福在則天皇帝面前誣陷所致。李顯因此將李重

韋后

福貶為濮州員外刺史，不久又改任為均州刺史，而且常常命令州官對他嚴加防範。

　　韋后大肆殘害唐中宗的子嗣，卻對自己人十分縱容，她的女兒安樂公主、長寧公主以及她的兩個妹妹，全都仗著她的權勢干預朝政。這些人還熱衷於賣官鬻爵，不管是市井小販還是砍柴樵夫，只要能夠拿出錢來他們就可以給其安排好一官半職。

　　除掉了太子，韋后如今最大的敵人就是李旦和太平公主。韋后本想污蔑他們二人參與了太子造反事件，卻因證據不足沒有成功。從這以後，以韋后為首的集團和以太平公主為首的集團開始形成，兩大集團互相詆毀，暗中各樹朋黨，為即將到來的政治鬥爭做著準備。

　　隨著權力的增大，韋后再也不願意隱藏自己的野心了，她命人大肆宣揚自己的功德，並編成歌謠在民間流傳。韋后和安樂公主的野心已暴露無遺，朝中大臣群情激憤，議論紛紛。

　　這時，前許州司兵參軍燕欽融上書中宗，指出韋后干預朝政，斥責安樂公主危害國家，並告誡皇帝防範她們的圖謀不軌。

成功的女人
都是狠角色

中宗召燕欽融上朝當面詢問，燕欽融慷慨陳詞，毫無懼色。皇帝沉吟許久，無話可說，便讓燕欽融暫時退下。誰知燕欽融還沒有走出朝門，韋后便指使親信把燕欽融追回，並當著中宗的面，在大殿的庭石上將他摔死。

此時，唐中宗就算再愚鈍，也知道如果再這樣下去，李氏江山終有一天會毀在這對母女手裡。於是他開始漸漸疏遠韋后與安樂公主，對於她們的過分要求也會加以拒絕。

領悟了這一切的唐中宗不禁生出了悔意，他決定拿回屬於自己權力。然而，他的決定還是晚了，因為他已經在不知不覺間失去了屬於一個帝王的控制權。

韋后與安樂公主發現了唐中宗的變化後，便開始密謀殺掉這個會阻止她們走向成功的人。最終，一杯毒酒結束了李顯的生命。即便對於唐中宗的死，歷史上一直存有爭議，但韋后母女依然有著最大的嫌疑。

景龍四年（西元七一○年）六月，韋后宣佈唐中宗暴斃身亡，立唐中宗的第四子李重茂為帝，自己作為皇太后臨朝稱制。

她帶著對后位的憧憬，走進皇宮，前半生歷經磨難，就連

韋后

活著都變成戰戰兢兢的一件事，是欲望與熱情一直支撐著她的信念，不僅母儀天下，還將皇權盡數掌握在手中，最終成為皇太后臨朝稱制，僅一步之遙就成為李唐王朝的第二個武則天。

上官婉兒

用隱忍沉寂的苦，栽種絕處逢生的花

一千三百年前，包羅萬象的唐朝在歷史上脫穎而出。它因包容、豪放孕育出眾多奇女子，令她們在歷史的長河中脫穎而出。

玩弄皇權、手段很辣的女皇武則天；風流成性、才華橫溢

上官婉兒

的尼姑魚玄機；蕙心蘭質、旖旎多才的藝妓薛濤；生性浪漫、性格瀟灑的詩人李治……

　　然而，提起唐代的女子，有一個名字是我們不可忽視的，她就是上官婉兒。後人經常會這樣評價她：智謀非凡的政治天才，詩文傳世的曠世奇才，又或是狐媚妖嬈的紅顏禍水。武則天當政時，她是宰相，韋后霸權時，她是昭容。

　　無論皇權如何遷移，她都可以憑著智慧取得上位者的信任，進而謀取福利，這歸功於她的才華、心智和美貌，但最為重要的，是她懂得隱忍。

　　有一種隱忍其實是蘊藏著的一種力量，有一種靜默其實是驚天的告白，這個道理，上官婉兒從小就懂。

　　上官婉兒是唐高宗時宰相上官儀的孫女。麟德元年，高宗對武則天的專橫跋扈心生不滿，與上官儀密謀廢后一事。上官儀認為廢后乃是順應民心之事，極力贊成高宗的做法，於是高宗命他起草廢后的詔書。

　　武則天早已經在宮中布下天羅地網，任何風吹草動都瞞不

成功的女人

都是狠角色

過她的眼睛，詔書剛剛起草完畢，武后就慌忙趕到了。面對武則天的質問，高宗心生畏懼，便將責任都推到上官儀的頭上。

為了報復，武則天指使親信許敬宗誣陷上官儀勾結前太子李忠謀反，結果上官儀的兒子上官庭芝被處死，家產充公，女眷淪為宮婢。

這一年，恰巧是上官婉兒出生的時候。她睡在母親的懷裡，從此由相府小姐變成了命如草芥的宮婢。

幸好母親鄭氏知書達理，聰慧過人，使得上官婉兒從小接受到了良好的教育，不論在詩書禮儀還是為人處世上，都得到了母親嚴格的監督。唐朝宮學館制度不斷地完善，宮廷中的典籍樂舞棋畫資料也非常豐富。上官婉兒在宮廷教習的薰陶下，眼界不斷開闊，從小就琴棋書畫，詩詞歌賦樣樣精通。

這樣的女兒，如果生在宰相家，未來的前途不可限量，但上官婉兒只是一個小小的宮婢，皇宮中最卑微的存在。看著女兒越發的出色，鄭氏知道家族的事情她還是知道的越少越好，不然以上官婉兒的心氣，定會惹出禍端。

每天看著高高在上的武則天，被瞞在鼓裡的上官婉兒充滿

上官婉兒

了羨慕之情。她也想如同武則天那般將權力玩弄於鼓掌之間，在封建社會裡闖出一片屬於自己的天地。但是，她只是後宮小小的婢女，連到武則天身邊伺候的機會都沒有，又如何能表忠心呢？

上官婉兒既然被後世冠以「巾幗首相」之名，定非池中之物，不會一直在後宮中默默無聞。命運第二次大轉換是在她十四歲那年，原因是一首詩：

葉下洞庭初，思君萬里餘。露濃香被冷，月落錦屏虛。

欲奏江南曲，貪封薊北書。書中無別意，惟恨久離居。

寫下這首詩時，上官婉兒十四歲，在普通人家這個年紀早已嫁作人婦，她卻只能在深宮中獨自感受著人情冷暖，內心充滿了孤寂淒涼。

不久後，這首詩就傳到了武則天的耳中，也將她們的命運深深聯繫在一起。武則天是一個愛才的人，即便是罪臣之女，她依然很欣賞上官婉兒的才學，因此將這個十四歲的少女帶在身邊，幫助自己起草詔書。

手中權力越來越大，上官婉兒漸漸知曉了身世。那一刻，她恨武則天，如果沒有這個女人，自己怎麼會在後宮中為奴為

成功的女人
都是狠角色

婢伺候別人，又怎麼會擁有一身才華卻無人得知。但上官婉兒是智慧的，她知道憑藉自己的力量，無論如何也無法與武則天抗衡。相反，只有依附武則天，才可以出人頭地。況且，武則天是她從小仰慕到大的對象。宮廷險惡，如果要出人頭地，只有步步為營，否則步步驚心。

上官婉兒是通透的，很快她就明白了其中的利弊，做起事來更加盡心盡力，深得武則天的喜愛與重用。曾國藩說，一個人是否能成事，有兩點特別重要，第一是他可否在貧困時保持本心，第二是他在逆境中能不能隱忍。

隱忍，一個看似簡單的詞，對上官婉兒來說，卻透露著更多的無奈，但是她為了成就自己，必須要堅定地承受著負重。隱藏內心的恨意，將人性底線深深埋藏，這份耐力，不夠狠，是做不到的。

也許此刻上官婉兒也沒有想到，如果不是靠著這份忍耐力，她可能無法逾越後面那些層層難關。

武則天將上官婉兒從掖庭帶到身邊，命她掌管中宮詔令，給了她無盡的信任。但上官婉兒深知，伴君如伴虎。況且她陪

上官婉兒

伴的，是一隻野心極大，手段極狠的老虎。這麼多年，她看到了武則天對權力的癡迷，也看到了她為達成目的無所不用其極的手段。

為了權力，武則天讓東宮一次次易主，最終坐到了天子的寶座。在這期間，上官婉兒一直陪在武則天的身邊，為她頒佈詔令，修撰國史。

上官婉兒是聰明的，她將仇恨放在心中，深知如何在宦海沉浮中保全自己。所以，她贏了，贏得漂亮，武則天多次將身邊的心腹斬殺，就連曾幫助她登上后位的李義府也沒能倖免，只有上官婉兒，一直陪在她的身邊。

常在河邊走，怎能不濕鞋。上官婉兒還是觸怒了陰晴不定的武則天，當時武則天寵愛一個叫張宗昌的臣子，二人經常在後宮禍亂宮闈。而上官婉兒又經常陪伴在武則天左右，她與張宗昌避免不了一些接觸。

女人的嫉妒心是十分可怕的，更何況是武則天這般霸道強勢的女人。她認為上官婉兒故意勾引張宗昌，一怒之下竟要處死她。

成功的女人
都是狠角色

　　也許是念及一些舊情，也許是沒有確鑿的證據。武則天最終沒有處死上官婉兒，但卻選擇一種非常侮辱人的刑罰——黥刑，也叫墨刑，就是在人臉上刺字，然後塗上墨碳，怎麼洗都洗不掉。這種刑罰的意義，不僅是疼痛的懲罰，更是對人格的侮辱。此時的上官婉才三十出頭，正是風華正茂的年紀，這樣的侮辱，將會背負一生。

　　然而，她依然選擇了隱忍，她離不開榮華富貴的生活去隱居，只有武則天才能給她想要的一切。因此，她依舊選擇對武則天忠心耿耿，依舊照例上朝，幫助武則天處理政事，沒有一絲不滿，反而更加忠心。不僅如此，她將臉上的恥辱用朱砂繪成梅花，成為當時婦女們紛紛效仿的「梅花妝」。

　　如果說武則天挑戰了李唐男子的權威，那麼上官婉兒就是站在她身側唯一的女人。朝堂之上，她泰然自若地面對三公九卿，不稱「妾」，也不稱「奴家」，同僚們都叫她「上官大人」。在唐朝，一聲「大人」，是對上官婉兒的認可，他們忽略了她的性別，或是尊敬，或是畏懼。

　　這就是上官婉兒，用自己極強的忍耐力，征服了武則天，

上官婉兒

征服了那些看不起女人的士大夫們。她在動盪的朝堂中遊刃有餘，不靠會老去容顏，也不靠見不得人的小手段，而是憑著自己的能力與忠誠，取得了武則天的信任。

神龍元年（西元七○五），以張柬之等人為首發動的神龍政變成功，李顯再次登上帝位，李唐王朝復辟。

年邁的女皇再也拖不動沉痾的病體孤獨地在洛陽的上陽宮去世了，但是由她開啟的女人執政的思想並沒有就此結束。顯然，唐中宗李顯的皇后韋氏很想成為第二個武則天。

失去了武則天這個靠山，上官婉兒的榮華也隨著武周王朝的落幕而離去。但是她怎麼可能甘心，為了重回榮耀的巔峰，她選擇依附韋后。

唐中宗軟弱不堪，韋后大權獨攬，顯然只能得到韋后的認可才可以重新在朝堂上立足。然而，韋后不是武則天，不會欣賞上官婉兒的才華，為了「投其所好」，她將自己的情人武三思親手送到了韋后的床上。

年少時，她為了出人頭地，逼迫自己忘記血海深仇。如今，

成功的女人
都是狠角色

人到中年，她為了東山再起，又親手奉上了心愛的男人。一隻會咬人的老虎並不可怕，可怕的是那隻老虎會隱忍，韋后不知道，她將怎樣一個人放到了身邊，因為她已經在武三思的糖衣炮彈下淪陷了。

韋后對識相的上官婉兒非常滿意，為了嘉獎她，她讓唐中宗封上官婉兒為昭容。這是上官婉兒獲得最高的官位，與宰相有著相同的待遇。從此，上官婉兒開始了一個新的征程。

陪伴在武則天身邊多年的上官婉兒，自然瞭解韋后的野心。她將之前在武則天身邊學到的手段一一用來幫助韋后，很快就取得了韋后的信任。

此時的上官婉兒，不僅在朝堂上還是後宮中，權力絲毫不低於武氏執政期間。為了達到目的，他們瘋狂地打擊李氏，扶植培養武氏與韋氏。很多陰謀中，我們可以隱約看到上官婉兒背後那雙推波助瀾的手。其中，最著名的就是誅殺太子李重俊。

漢初「清君側」的政治大戲又一次在唐朝上演。神龍三年（西元 707 年）七月的一個夜晚，李重俊率三百多兵將衝入武三思家中，殺死了武三思父子。他們又向中宗和韋后提出擒拿

上官婉兒

上官婉兒的要求。太子李重俊聲稱，只要交出上官婉兒，以前的事情就不再追究了。

深知這場政變目的的上官婉兒為保住自己，對中宗與韋后說：「倘若先將我交出去，太子也不會善罷甘休的，他無非是想一步步逼近，最後想結束的還是皇上與皇后的性命。」

她的這番話把政變的矛盾變成了太子要殺皇上，因此激起唐中宗的怒火。中宗與韋后對此竟深信不疑，他們一方面聽從上官婉兒的意見派兵遣將，一面迅速登上了玄武門城樓據守。

在這場政變中，中宗顯示出的膽量和氣魄也是讓人刮目相看的，其實不難想像，中宗親自向城下的兵將勸降，這一立竿見影的做法就是上官婉兒在背後授意的。

太子李重俊見勢不妙，轉身想逃走，最後被手下所殺。事後，唐中宗把太子的首級獻至太廟祭奠武三思父子。

這場政變最大的贏家就是韋后，上官婉兒也成為勝利者。死裡逃生的上官婉兒更是受到李顯和韋后的信任，她不但憑藉自己的絕頂聰明，從一介宮婢起家，掌握了國家權力，還為家族洗脫了罪名。

成功的女人
都是狠角色

在被殺四十餘年後，上官儀被追授中書令、秦州都督、楚國公；上官庭芝被追授黃門侍郎、岐州刺史、天水郡公；上官婉兒的母親鄭氏則被封為沛國夫人。母親之前夢中的「大秤」終於應驗了，這種不可思議的巧合更增添了上官婉兒的神祕色彩。

♛

她將政治視為生命，仰慕女皇，又憎恨女皇；她試圖打破男權社會，出身低微，不得不選擇隱忍，屈於人臣；她生而為奴，渴望富貴，又從不怨天尤人。她的一生，完成了從罪臣之後到上官大人的完美逆襲。

她叫上官婉兒，一生隱忍，仇人掌中求生；兩伴君王，洗清家族罪孽。

蕭太后

與其依附男人，
不如領導男人

自古豪傑有萬千，滄海橫流譜詩篇，

古往今來多評論，誰說女子不如男。

北宋年間流傳下來的評書《楊家將》一直活躍在螢幕上，

人們對楊家一門忠烈一直心懷敬意。老令公楊業率領子孫保衛

北宋國土，奈何奸臣當道最終慘死。為了保住大宋基業，楊老

成功的女人
都是狠角色

太君決定率領楊門一眾寡婦禦敵。

楊家男兒英勇忠烈，楊門女將也絲毫不遜色於男兒郎。可惜的是她們生不逢時，大遼居然橫空出現一個百年難遇的鐵馬紅顏——蕭綽，讓宋軍聞風喪膽的遼蕭太后，字燕燕。最後，滿門忠烈在這個太后面前折了腰，留下年邁的老太君白髮人送黑髮人。

即便評書中有一些誇張的成分，但是在中國歷史的漫漫長河中，蕭綽一直都後代女性尊敬的榜樣：「戎馬能挽弓，廟堂能理政」。放眼整個歷史，這樣的女人除了蕭太后，再無第二人。

中國歷代皇后、太后中，有作為者、掌權者不在少數，如北魏文明太后馮氏，中國歷史上唯一女皇武則天，成功的王朝女人慈禧，她們都曾在朝堂上呼風喚雨，但是比起蕭太后來，卻少了份自由。只因為蕭太后比她們多了一份通透，她不將男人作為成功的踏板，而是選擇讓男人依附自己。不管是在朝堂上指點江山，還是在疆場上呼風喚雨，她都絲毫不遜色於任何男人，也正因為如此，她在男權社會中得到了應有的尊重。

蕭太后

契丹蕭太后，這位充滿榮耀與光輝的女性，將遼國推向了空前強盛的歷史時代，同時也為自己的人生書寫了不可複製的篇章。

蕭太后，名蕭綽，小名燕燕，遼國駙馬蕭思溫的女兒。對比其他遼國的臣子，蕭思溫更喜歡讀書寫字，像一個儒家學子，這讓他在當朝做官時並不受重用，只不過因為娶了皇帝的女兒才在朝堂上有了立足之地。

蕭思溫一共有三個女兒，但是他最喜歡小女兒蕭綽，相傳有一次他讓三個女兒掃地，大兒女與二女兒都是草草了事，只有蕭綽仔仔細細地把地掃了一遍。蕭思溫看到這樣的場景，便想到一個從小就能認真做事的孩子長大後也更容易成大器，因此在對小女兒的培養上也格外用心。

蕭思溫雖然自己沒有什麼作為，然而他卻在遼景宗耶律賢即位時起到了至關重要的作用。遼景宗耶律賢是遼世宗的次子，母親是皇后蕭氏。遼世宗雖有一番謀略，卻不善於平衡後晉降將與契丹貴族的關係，導致大多契丹貴族不滿，最後發動火神

成功的女人
都是狠角色

澱之亂。

遼世宗與皇后紛紛死於宗室重臣手中。當時遼世宗的弟弟耶律璟為了守護家族的皇位，起兵討伐叛臣，勝利後成為大遼的第四任皇帝，即遼穆宗。遼穆宗上位後，收養了年僅四歲的耶律賢。

新皇雖然登基，但遼國的苦難卻並未結束，放縱不羈的遼穆宗，在執政時殘暴昏庸，導致朝堂上下怨聲載道，最終死於近侍的刺殺。而耶律賢正是在蕭思溫的幫助下，連夜趕到懷州，在遼穆宗的靈柩前即位。

耶律賢為了感謝老師蕭思溫的擁護，封其為魏王、北院樞密使兼北府宰相。也是在這一年，蕭思溫將自己最看重的女兒蕭綽送進皇宮，成了耶律賢最寵愛的妃子，僅僅三個月蕭綽就由貴妃一躍成為皇后。自此邁開了遼朝通往興盛的第一步，也為蕭綽的政治生涯埋下了伏筆。

♛

相比於自己的父親與叔叔，耶律賢的政治抱負就遠大了許多，面對一片混亂的朝堂，他打算大幹一場，壯大大遼江山。

蕭太后

可是在火神澱之亂的時候，年幼的耶律賢因受到驚嚇而留下頑疾，這就導致了他空有一身抱負而無法作為的局面，所以身為皇后又才華橫溢的蕭綽，便自然而然地幫助丈夫擔當起了扭轉大遼王朝的重任。

起初，蕭綽只是在耶律賢身旁幫他出出主意，並沒有很大的野心。但在保寧二年，蕭思溫因為權傾朝野而遭到群臣的嫉妒，被高勳和女里合謀殺害。父親的死，讓年僅十七歲的蕭綽忽然明白了權力的重要性，從此她更加成熟，積極輔助體弱多病的遼景宗處理政務。

在皇帝的默許下，蕭皇后的權力越來越大。而且遼景宗對蕭綽越來越信任，她做的決定，他甚至連看都不看。而蕭綽也沒有辜負皇帝的信任，在她的治理下，昔日破敗不堪的遼國日漸強盛，經濟、農業等的發展也逐步走向正軌。

此時的蕭皇后，儼然是一個真正的統治者。其能力、魄力與執政思想在歷代遼國君主裡都是非常突出的。然而這一切於她而言，還只不過是一個開始。

成功的女人
都是狠角色

　　或許因為蕭皇后過於強大，因此遼景宗的病故，並沒有給這個國家帶來太大的動盪。時年三十五歲的耶律賢在臨終前他指定梁王耶律隆緒即位，並由皇后總督軍國大事。於是，十二歲的耶律隆緒正式登基為遼聖宗，蕭綽則成為了皇太后，由她統攝國政。蕭太后從這時起便開始著手對遼國進行全方位的封建化改革，讓這個國家進入了空前的強盛時代。

　　雖然蕭太后已經執政多年，但當時畢竟有遼景宗在世，如今看著尚且年幼的小皇帝，她的心底也不免會產生某些擔憂。她知道自己現在面臨的有兩大問題：一個是朝中有叛亂之心的舊勢力趁景宗剛剛去世，隨時可能進行反撲，另一個便是宋朝或許會趁景宗新亡再度對遼國用兵。

　　這兩個問題無論出現哪一個，都將非常棘手。於是，她提拔耶律斜軫為北院樞密使，耶律休哥為南京留守，同時提拔了有才能的漢臣。

　　蕭太后讓耶律斜軫與韓德讓掌管兵權，讓兩人成為自己的左右手。同時，她對遼景宗時期的一些忠心老臣分別做了安置，這樣一來，朝廷便形成了完全以蕭太后為中心的政治集團。而

蕭太后

對於手握兵權卻又不服從管理的王公貴族，蕭太后則給予了堅決的打擊，徹底剝奪了他們的兵權。

先行下手清除隱患，加上政治集團組織得好，遼國才沒出現兩派相鬥的混亂局面，更沒出現大規模的屠殺。蕭太后處理此類事件的手腕，的確很高明。

統和十七年（西元九九九年），耶律斜軫病故，韓德讓兼任北院樞密使。此時的他，已經總攬軍政大權，而且同時也享受著許多特殊的權力，比如他可以入朝不拜。後來蕭太后對他賜姓耶律，賜名德昌，再後來改封晉王，又賜名隆運。

他的權力此時已經僅次於蕭太后與聖宗了。作為一個漢臣，卻享受了如此多的特有權力，甚至讓一些契丹有功之臣也望塵莫及。

從他們相識至今，時光就悄然走過了十幾年，韓德讓日漸變得成熟強大，蕭綽也由皇后變成了太后。時年二十九歲的她，正當女人的風華之齡，即使才能卓越，也想有一個依靠的肩膀。因此韓德讓的存在，便成就了蕭太后內心深處的另一處歡喜與希望。她願意重用他，給予他特權，就像相信自己一樣相信他。

成功的女人
都是狠角色

　　自從景宗去世後，韓德讓不但在政務上輔助蕭太后，而且兩人無論出行還是住宿皆形同夫妻，對外也不避諱。對於那些得罪韓德讓的人，蕭太后會全部嚴懲，而聖宗皇帝也像對待父親一樣尊重韓德讓。並且為了讓自己獨自佔有他，她鴆殺了韓德讓的妻子李氏。

　　所幸的是，朝中群臣似乎也比較認可這種關係，並沒有像其他朝代那樣出現堅決抵制的行為，彷彿他們都尊重了太后自然而然的選擇。

　　更重要的是，韓德讓的確有著非凡的才能，他在治理政務的過程中發揮了突出的才幹，在遼國走向繁榮的過程中，他也是功不可沒的。他雖然擁有了許多特權，卻並沒有利用這些特權為所欲為，而是用來忠心報國。

　　即便蕭太后形成了一個以自己為中心的政治集團，但是朝中仍然有少數反對派，她也並沒有完全解除朝廷中的危機。而韓德讓卻知人善任，主動推薦並重用曾頂撞過他的大臣，他認為敢於頂撞自己的人其膽魄與能力都會不俗，如果用好了會如獲至寶，同時還協助蕭太后與一些重臣建立關係，形成了良好

蕭太后

的政治局面。

　　朝堂上能夠容忍這種公然出現的太后與重臣的愛情關係，這在歷史上可是難得一見，也只能出現在民風奔放的少數民族政權中。

　　蕭太后是一位了不起的女性，她大膽改革，積極進取，顯示出了非凡的魄力與手段。在她的一系列改革下，遼國的國勢蒸蒸日上，這正是得益於蕭太后強大的治國才能。在她的帶領下，遼國向著其鼎盛時期不斷地邁進。但同時，日益強大的遼國也對它的鄰居北宋形成了一定程度的威脅。

　　其實，治國能力之外，蕭太后在面對與其他國家的戰爭時，也是從容不迫，很有章法的，這對於女性來說實在是難能可貴。她帶領她的國家取得了一個又一個勝利。

　　而久經大戰的她，也得到了更好的歷練與經驗。同時，她在朝中的威信也在不斷地增加著，文臣武將都積極地表示會為蕭太后肝腦塗地。

　　相信她和她的朝臣們都會記得，發生在統和二十二年

成功的女人
都是狠角色

（一〇〇四年）的戰事。當時蕭太后統軍二十萬，主動向宋朝發動進攻。經過幾番大戰，最終，宋真宗與蕭太后達成協議，訂下「澶淵之盟」。

協議中規定，宋遼雙方約為兄弟之國，宋真宗尊蕭太后為叔母，各守各的疆土。雙方邊民不得互相侵犯，宋遼兩國也增加了經濟、文化交流，開創了一個和諧的環境，蕭太后的功業也由此達到了最鼎盛的時代。

這幾場大戰，蕭太后都親自掛帥統兵，作為一個女人，能夠在執政期間親征沙場，而且多以大勝收場，確實非凡，不愧於契丹蕭太后的大名。

蕭太后一直是賞罰分明的執政者，如果她的臣子都能夠循規蹈矩，自會得到她的寵信與愛護，可一旦背叛她，她自然雷厲風行，絕不手軟。

她的個別做法不管是否能稱得上狠毒，但整體效果卻是不錯的，也多次印證了她在處事上的果斷。

因其大功而掩其小過，這也是做大事者不可避免的一種狀態。統和二十四年（一〇〇六年），聖宗為蕭太后加封號為「睿

蕭太后

德神略應運啟化法道洪仁聖武開統承天皇太后」。

　　三年後，蕭太后感到自己身體狀況已經大不如前，同時聖宗皇帝處理政務的能力已經比較成熟，她便果斷地還政於耶律隆緒，自己準備去南京度過人生的最後歲月。卻未料到同年十二月，太后的病體加重，不治身亡，享年五十七歲，諡號「聖神宣獻皇后」，後來改諡號為「睿智皇后」。

　　如今，大遼承天皇太后蕭綽的陵墓，一邊葬著前夫遼景宗耶律賢，另一邊葬著情人韓德讓，兩個男人都是那麼無比真心地愛慕著她，遼景宗給了她母儀天下的地位和施展才華的舞臺，韓德讓給了她美麗無比的愛情和忠心耿耿的輔佐。

劉娥

不去奮力掙扎，只會被人踐踏

　　她出身卑微，卻成為宋朝第一個臨朝稱制的女人；她曾嫁作為人婦，卻征服了皇帝的兒子；她曾只是有些才藝的歌女，卻通過自身努力，被後人稱為「有呂武之才，無呂武之惡」的太后。她，就是宋真宗皇后——劉娥。

劉娥

劉娥出身於官宦世家，卻因戰亂成為父母雙亡的孤兒，被母親的家人收養後，過起了寄人籬下的日子，後來她成了一名歌女，不僅歌聲動人，還善於播　。

到了出閣的年紀時，由外祖家做主，劉娥嫁給了能說會道的銀匠龔美。然而龔美卻很懶惰，不願意賺錢養家，劉娥只能靠唱歌的收入養家糊口。

後來，他們為了多一些收入，決定到京城謀生。劉娥天生麗質，在一群京城女子中又帶有些許蜀女的風情，很快名聲就傳了開來。而懶惰的龔美，社交能力倒是很強，他很快就與相王府的指揮使張耆結為友人。張耆見龔美家境貧寒，可是妻子卻貌美如花，就建議他將劉娥賣給韓王。一想到要賣掉如此動人的妻子，龔美也有些猶豫。

要想改變自己不堪的處境，你必須豁得出去，對自己狠得起來。劉娥就是這樣的狠角色，所以在聽到這個消息後，迅速做了決定。她告訴丈夫，自己願意被賣掉，沒過多久便跟著張耆來到了韓王府。

成功的女人
都是狠角色

　　韓王趙恒是宋太宗的第三個兒子。劉娥進入王府後，很快就得到了趙恒的寵愛。兩人日夜糾纏在一起，導致縱欲過度的趙恒越來越憔悴。宋太宗發現了兒子的變化，遂將趙恒的乳娘召進宮中問話。乳娘早就看劉娥不順眼，在她眼裡這個女子就是個狐狸精，勾引的韓王魂不守舍，所以便借此機會，將劉娥進王府後的種種，添油加醋地說了一遍。

　　宋太宗聽後很生氣，立刻命令自己的兒子將劉娥送出府去，不許再見面。趙恒不敢違背父皇的命令，只好照做了。可是他真的捨不得劉娥，於是悄悄把她放到了張耆的家裡。而宋太宗為了補償趙恒，將潘美的女兒許配給他作為韓王妃。

　　被藏起來的劉娥，每天做的事就是唱唱歌，發發呆，在似水流年裡等待趙恒的駕臨。也許是偷情的刺激，也許是真愛，總之自從劉娥被送出府後，趙恒對她更好了，反而對正經的王妃不冷不熱。潘氏在冷落中鬱鬱而終，後來趙恒又取了郭氏為妻，但都不如劉娥受寵，誰也沒想到這樣另類的寵愛竟一直持續了十五年之久。

　　趙恒本來不是太子，也沒有什麼野心，然而他的大哥因為

劉娥

叔父去世而瘋了，二哥又誤飲毒酒死掉了。因此，命運之手把太子之位推到了才能與德行都很一般的三皇子趙恆身邊。

趙恆被封為太子，劉娥感覺到屬於她的轉捩點也要來了。一個人的成就有多大，跟能否看清自身的處境有很大的關係。她明白以色事人，色衰而愛弛，愛弛則恩絕。一個女人無論多美，都無法避免年齡的傷害，都阻止不了皺紋的增長，但是才能卻是可以與時俱進的。

所以她要趙恆給她請了老師，教她琴棋書畫、學識修養，一有閒暇時間就閱讀古典書籍，就連軍事與治國韜略也多有涉獵。當趙恆在劉娥身上感受到不一樣的氣質後，對她除了愛，還多了一份尊敬。

從賣唱歌女到能力飛升的才女，劉娥憑藉自身的努力，提升了內力，開拓了格局，實現了人生的第一次蛻變。

至道三年，宋太宗駕崩，太子趙恆承繼大統，即宋真宗。真宗即位後，立即將劉娥接入了宮中，但後宮已經有了郭皇后和其他眾嬪妃，劉娥並無太高的名分。

成功的女人
都是狠角色

　　不過，被金屋藏嬌十五年的劉娥早已學會了韜光養晦，她知道自己一個人不可能鬥得過整個後宮，即便再受寵愛也孤掌難鳴，因此她要用智者的頭腦來面對眼前的處境。她不僅沒有刻意爭寵，還與宮裡最受寵的楊氏相交甚好，兩人在未來的日子裡風雨同舟、相互扶持。

　　後宮女人的地位，除了受皇帝的寵愛影響外，與自己的家境也有一定的關係。然而，劉娥從小就是個孤兒，在宮外無依無靠。為此劉娥與趙恒商議將龔美改姓為劉，這樣她在宮外也算是有家的人了。趙恒欣然同意，不僅如此還給龔美進行了封官加爵。不僅如此，隨著劉娥在政治上的見解越多越受到趙恒的賞識後，他決定立劉娥為皇后。

　　皇帝雖有此意，但立后並不是他一人就能說了算的，古代嫡庶之分很嚴重，妾可以出身低微，妻子卻不可以，尤其皇室更會顧及臉面和身分，便要求皇后或王妃必須身家清白身世顯赫。所以要想戴上皇后的鳳冠，劉娥腳下要走的路必然極其艱難。

　　景德四年，郭皇后駕崩。宋真宗雖然因為郭皇后的去世而

劉娥

傷心，但這對他來說更是一個機會，他趁機在上朝時向大臣們提起立后一事，但卻遭到了寇準、李迪、向敏中、王旦等重臣的堅決反對，他們的理由是「劉妃出身微賤，不可以為一國之母」。

大臣們反對劉娥為后，身分低微是一個原因，還有一個重要原因是她沒有子嗣。宋真宗前後有五個皇子，不幸全部夭折。此時皇帝已經四十幾歲，子嗣問題對他來說非常重要。劉娥分析了其中的厲害關係，意識到一個親生兒子的重要性，可是兩個人在一起已經將近三十年，她都不曾懷孕，生孩子對於她來說似乎不太可能了。

即便沒有孩子，也不能阻止她成為皇后，為了解決這個問題，她心裡生出了一個大膽的想法——借腹生子。她將自己的侍女李氏送給皇帝，真宗也很配合地寵幸了這個侍女幾次，李氏的肚子很爭氣，不久便真的懷孕了，並生下一個男嬰。

好在劉娥沒有做出奪子殺母這樣殘忍的事，她接管了皇子的撫養權後，大度地要真宗給李氏加封了位份，因此李氏直到死去也沒有對這件事透露過半個字，如此手段，既收服了人心，

成功的女人
都是狠角色

又不讓自己手染鮮血。

　　大中祥符五年，四十三歲的劉娥被正式冊封為皇后，這個苦盡甘的女人終於得到了自己夢寐以求的一切。只是，被眾多大臣所反對的立后風波，還是為日後劉娥與寇準等人的激烈對抗埋下了禍根。

　　女人的狠，有時候不一定要手染鮮血，如果可以在無形中達到目的，又為自己留有一份餘地，這才是劉娥真正的厲害之處。一個出身於草根的女人，究竟會有多大的野心，或許看一看當上皇后的劉娥就知道了。

　　成為後宮之主的她，沒有像一般女子那樣甘心居於後宮。她將皇子趙禎交給自己的姐妹楊氏撫養，然後去正視自己的野心和欲望。她不只要母儀天下，還要走向朝堂，像男人一般指點江山。

　　所以當皇后的地位已然穩固時，劉娥便將目光盯到了政務上。而對自己的皇后充滿愛與信任的宋真宗，在處理政務時也從來都不加以避諱，如果遇到棘手的問題，他還喜歡與她共同

劉娥

討論一下，聽聽她獨到的見解。在真宗皇帝眼裡，這個聰慧而有靈性的女人，未嘗不能成為他的得力助手。

劉娥參政不僅對宋真宗產生了影響，更對北宋的發展產生了深遠的意義。但是，女人干政在大臣們看來，簡直荒唐至極，於是對劉娥有意見的人越來越多，其中就包括當初反對立后的寇準等人。

劉娥可以不殘害後宮，也可以不殺李姓侍女，是因為他們沒有危害到自己的地位。但是寇準等人不同，只要這群人還在朝堂之上一天，她的地位就岌岌可危。於是，一場朝堂上皇后謀害大臣的大戲在劉娥的心中已經拉開了帷幕。

為了針對寇準等人，劉娥決定親自培養自己的勢力，她開始大力提拔自己的支持者，比如丁謂，比如錢惟演。

劉娥的支持陣營也在漸漸擴大，朝中的大臣曹利用、馮拯等也成為了劉皇后的支持者。他們都是因為懷恨寇準而倒向劉娥一邊的。

在勾心鬥角的派系傾軋中，劉娥得到了更多的鍛鍊與成長。如今，她處置後宮之事張弛有度、遊刃有餘；參與國事時

成功的女人
都是狠角色

也嚴謹周到、慎重行事，這些表現越發被宋真宗信任和肯定，同時更好地鞏固了她的皇后地位。

不過，真宗皇帝對寇準也十分信任，所以兩個集團雖然鬥來鬥去，但一直保持著相互制約的平衡狀態，然而這個平衡很快就要被打破了。

天禧三年，宋真宗因突發疾病無法正常上朝打理政務，大權便落到了劉娥的手中。對於真宗皇帝來說，平日讓皇后參與一下政事是一回事，可如果發展到女人干政或執政，那就是另外一回事了。

在心有不安、擔心皇后危及趙氏江山的情況下，宋真宗想到了讓太子監國，並向心腹周懷正透露了自己的意思。宰相寇準得知這個情況，找機會入宮來到宋真宗身邊，與皇帝密議「太子監國」之事。

當時事情進行得極為隱祕，包括皇后在內都嚴加防範。出宮後的寇準，立即讓翰林院的楊億連夜祕密起草「太子監國」的詔書。

只可惜寇準是個嗜酒如命的人，就在詔書還沒有遞到皇帝

劉娥

手中時，他竟然酒後失言將事情傳了出去。丁謂得到了這個消息後，立即向劉娥做了彙報。二人經過一番密謀，由劉娥向宋真宗哭訴自己的委屈，皇帝見皇后梨花帶雨的樣子，心就有些軟了。

在經過搖擺不定的思想鬥爭後，真宗將整件事都推到了寇準的頭上，並罷免了他的宰相之位，由丁謂頂替。至此，皇后一派不僅沒有遭受損失，反倒獲得了更多的權力。

周懷見到寇準的下場，知道如果不儘快解決此事，自己必然也脫不了干係。於是他決定鋌而走險，殺死劉娥與丁謂，輔佐太子即位，尊宋真宗為太上皇。

可是此舉又一次被提前洩露，導致周懷慘死，遭受牽連的寇準也被一貶再貶。這一系列事件，也可以看出反對皇后集團在行事上多麼不謹慎，而劉娥一派又是多麼策略得當、手眼通天。

勝負已見分曉，反對劉娥的勢力正在迅速消亡，並且漸漸變得毫無反擊之力了。寇準後來的處境，宋真宗並不知情，有一天真宗突然問身邊的人：「朕已經很久沒有見到寇準了，這

成功的女人
都是狠角色

是怎麼回事？」眾人都因為畏懼劉娥的權威不敢作答。面對身體有恙的皇帝，朝野上下，沒有誰想拿雞蛋碰石頭，做皇后的對手。

病情日益加重的宋真宗，也感覺到了自己大限將至，便在承明殿對大臣們說，太子可繼承皇位。然而太子還是個十一歲的孩子，少不更事，能力有限，因此在處理政務上可由皇后輔助。此言一出，無形中便給了劉娥名正言順的干政理由。

乾興元年二月，真宗病逝。年僅十三歲的太子趙禎即位登基，即宋仁宗，劉娥為皇太后，淑妃楊氏為皇太妃。根據宋真宗遺照，軍國大事都由皇太后劉娥處理。太后臨朝稱制，這是北宋開國以來的頭一次，一切制度禮儀還未來得及確定，只能商議決定。

丁謂本來就有架空太后權力的野心，見到這是一個機會，便借宦官雷允恭之口向劉娥提議，皇上只是初一、十五朝見群臣，大事由太后跟皇上召集宰相共同商議，小事則由雷允恭代為轉奏太后，由太后簽署意見。這樣一來，太后雖然臨朝稱制，可是皇帝與太后聯繫較少，權力便由雷允恭與丁謂控制。

劉娥

　　劉娥雖然知道這些人的用意，但因為丁謂還有利用價值，她便只好暫時隱忍不發。或許等她真正剷除異己的那一天，也就是丁謂等人開始倒楣的時刻。

　　手握大權的劉太后，首先把自己的對手寇準、李迪等人一貶再貶，如果不是宋朝有規矩不可隨意誅殺士大夫，劉娥絕不會讓他們二人繼續活在世上。當政敵被清除乾淨，丁謂、雷允恭等人的作用也就不存在了，更何況他們的野心劉娥早已看在了眼裡。

　　恰巧此時因仁宗小皇帝年幼貪睡，時常趕不上卯時御殿，劉娥便決定由自己單獨御殿接受群臣朝拜。這一想法遭到了丁謂的強烈反對，他的態度讓劉娥勃然大怒，最終丁謂被罷免了相位，貶至崖州。

♛

　　當一個人面對誘惑時，很難堅持自己的本心，劉娥也不例外，但是她的智慧幫助她及時收手。最終成功的人，總知道自己什麼該做什麼不該做。

　　雖然自宋真宗死後，劉娥就已經手握大權，可是直到丁謂

成功的女人
都是狠角色

等人被罷免後，劉娥才開始了真正意義上的臨朝稱制。她與宋仁宗五日一御承明殿，仁宗位左，她居右，此刻她算是站上了至高無上的位置，沒有人再能阻礙她的所作所為。

然而，有時候一個人的野心，會在欲望的不斷得到實現中發展壯大。這個權傾天下的女人，已經習慣了權力所帶來的好處，又怎麼會容忍有一天失去它呢？但隨著仁宗皇帝的慢慢長大，終會有親政那一天的來臨，可是劉娥卻不想還政給皇帝。不僅如此，她其實還生出過更大的野心，希望能像唐朝的武則天一樣成為女皇。

某日，劉娥在上朝的時候詢問群臣：「唐代的武后是什麼樣的女主？」朝臣回答：「唐之罪人，差一點就斷送了大唐的江山社稷。」劉娥聽後沉默不語。

有人猜到了劉娥的想法，就送上《武后臨朝圖》，來暗中鼓勵劉娥稱帝。劉娥便又一次不甘心地與群臣聊起這個話題，眾人都不說話，怕一旦說錯會遭受殺身之禍，只有剛直的魯宗道說：「這樣做，又將置當今皇帝於何處？」聽到這樣的話，劉娥如同醍醐灌頂，她雖然嚮往權力，可是並不想做北宋的罪

劉娥

人。

劉娥是宋朝第一位垂簾聽政的太后,她把持朝政十一年,將權力牢牢地掌握在自己手中。她的野心雖然很大,不過也能冷靜地分析利害關係,沒有自不量力地向更高權力發起衝擊,而是讓自己的人生巔峰鎖定在了太后這個身分上。

這是一個被父母雙亡的歌女逆襲,如果不是足夠堅強、不是足夠狠,她就不會擁有如今的地位與能力。要想擺脫不堪的生活,要從泥淖中站起來,妳必須得做個狠角色。

伊莉莎白一世

權力比婚姻更可靠

她曾是萬千寵愛於一身的公主，卻因為母親的過失而成為弟弟的僕人；她曾是偉大英格蘭的繼承人，卻因為與姐姐政見不和而被軟禁。她說：我只可能有一個丈夫，那就是英格蘭！

伊莉莎白

這是她用盡一生去踐行的諾言。

　　她就是伊莉莎白一世，一個犧牲了個人幸福、一生周旋於國家利益之間的女王。她沒有結婚也沒有生子，卻成就了都鐸王朝最後的絢麗。在女王眼中，她的愛人是英格蘭，她的孩子就是她日漸富庶的子民。

　　作為英格蘭的公主，伊莉莎白的童年生活卻是毀滅性的：她三歲喪母，頂著私生女以及母親淫亂的惡名在宮中小心翼翼地生存。在暴虐父親去世後，還要心驚膽戰地提防被姐姐殺死。

　　亨利八世國王一直想要一個兒子，但是王后凱薩琳生下公主瑪麗後就再也沒有過身孕，為此他經常周旋在各種女人身邊。讓他高興地是，女侍官安妮‧博林有了身孕，為了給即將到來的孩子一個名正言順的身分，亨利八世與凱薩琳離婚後，與安妮結了婚。這段婚姻雖然為伊莉莎白帶來無盡的榮耀，但也正是這一段婚姻，滋生了伊莉莎白對婚姻的厭惡，更讓她的性格逐漸狠戾起來。

　　然而，一心想要兒子的亨利八世卻再次失望了，安妮誕下

的依然是個女孩，這個女孩就是伊莉莎白。雖然亨利八世覺得很失望，但他還是傾注了很多心血在這個女兒身上。就在她出生的第二年，亨利便宣佈伊莉莎白為他的繼承人，並讓她同父異母的姐姐瑪麗成為她的服侍人。

伊莉莎白似乎可以這樣一帆風順地走下去了，她只要等待著長大，便可以名正言順地登上女王的位子。不幸的是，在她三歲的時候好運便停滯了。母親因犯私通罪被父親處死，隨之而來的便是伊莉莎白無盡的噩運。一年後，亨利八世與第三位王后生下兒子──愛德華。就這樣，伊莉莎白和瑪麗都成了愛德華的服侍人。

縱然地位一落千丈，但伊莉莎白依然接受著最好的教育。新王后很喜歡伊莉莎白，在學習上給了她最大的支持，就連重男輕女的亨利八世也經常為女兒尋找優秀的教師。在老師們的影響下，她不僅接受了歷史、數學、詩歌和語言的教育，還可以熟練運用六種語言：英語、法語、義大利語、西班牙語、拉丁語和希臘語。在這一時期，伊莉莎白的宗教信仰也產生了極大的變化，她成為了一名新教徒。

伊莉莎白

　　亨利八世去世後，愛德華六世上台，但他只是個九歲的孩子，所以政權都掌握在舅父薩默塞特公爵愛德華‧西摩手中。當時的英國宗教分歧的鬥爭非常激烈，愛德華公爵一派極力推崇新教，堅持新教為國教的政策，卻遭到了天主教會的極力反對。

　　無論外面的鬥爭多麼嚴峻，都沒有影響到伊莉莎白的生活，此時的她不關心政治，不關心國家。她只是在自己的房間裡讀書學習，試圖用知識去豐盈內心世界，也正是這一期間的學習，為伊莉莎白在以後的政治生涯中帶來了極大的影響。

　　年輕的愛德華體弱多病，無法承受天主教施加的巨大壓力，最終病倒了。六年後，愛德華因肺結核去世，根據父親的遺囑，王位傳給了瑪麗。瑪麗女王上臺後，伊莉莎白的命運又開始出現了轉折。瑪麗是一個虔誠的天主教徒，她逼迫伊莉莎白改信天主教。伊莉莎白表面上雖然服從，但內心仍然是一個新教徒，因此，瑪麗十分不滿。有一小段時間裡伊莉莎白甚至被關入倫敦塔，在英國人的眼裡，倫敦塔是頭號鬼堡，伊莉莎白的母親就死在那裡。

成功的女人
都是狠角色

♛

十六世紀中期，英國為瑪麗與西班牙國王腓力二舉辦了一場全國矚目的婚禮。他們的結合，使得英格蘭重歸天主教的可能性增大了。對此，英格蘭平民及貴族都很不滿。為了壓制新教徒，瑪麗在統治國家的五年期間，屠殺其中的激進分子，有三百多人被燒死在火刑柱上，而被迫流亡國外的新教徒則不計其數，也因此被冠上「血腥瑪麗」的稱號。

性格暴戾的瑪麗一直希望可以生下自己的孩子，來作為英格蘭的下一任接班人，由於她結婚年紀時年紀偏大，又得不到較好的休息，最終也沒有懷孕。

一五五八年瑪麗死後，伊莉莎白便理所當然地成為英格蘭和愛爾蘭的女王。伊莉莎白上臺後，她繼續奉行宗教改革，釋放了大批被關押的新教徒，允許流亡國外的新教徒回國，還清除了樞密院中某些天主教徒，絕大多數國民都感到滿意。可以說，伊莉莎白新官上任的第一把火燒得特別好，群眾是國家的基礎，教徒之間的衝突在當時是一個重大的傷害。所以，伊莉莎白很快博得了人民的愛戴和擁護。

伊莉莎白

　　由於當時「圈地運動」的興起，英國羊毛紡織業的迅速發展，對手工業者的需求量也日益增加。為此，一五六三年伊莉莎白一世還頒佈了著名的《徒工法令》。在這樣的法律下，農民的利益得不到有效的保障，隨之而來的就有個很大的問題：很多失去土地的農民不甘心受到新貴族和資產階級的壓榨，他們寧願流落街頭或在異鄉漂泊。就在這個時候，伊莉莎白又頒佈了《懲治流浪者法令》。

　　有了這些法令，伊莉莎白很快得到了新貴族與新興資產階級的支持。這時，英國的資本原始累積開始了，這是一個血腥和殘暴的掠奪過程。而且，除了這些還有在國際上的一系列掠奪。

　　海上掠奪是英國資本原始累積的重要方式之一，在伊莉莎白統治時期，這種方式達到了前所未有的規模。也就是在這一時期，販賣非洲黑人奴隸的貿易開始了，伊莉莎白對此給予了很大的鼓勵，而她自己也得到了非常豐厚的利潤。在這樣的庇佑下，這個罪惡的黑奴貿易開始走上了歷史的舞臺。

　　一五八八年，西班牙派出一百多艘船的「無敵艦隊」遠征

成功的女人
都是狠角色

英國。伊莉莎白親往軍隊集結地發表迎戰演說，鼓勵不同階層和不同教派的人都積極行動起來，共同抵禦西班牙。當時英國在國力上還比不上西班牙，可是在這次海戰中眾多官兵表現非常勇猛，打敗了「無敵艦隊」。

「無敵艦隊」的慘敗標誌著西班牙衰落的開始。而英國在海戰後受到鼓舞，在商業、探險和開拓殖民地方面都取得了相當大的進展，成為「伊莉莎白時代」的特徵。

在封建社會裡，如果一個女人沒有婚姻和家庭生活，不管妳多強大多有野心，都是不完整的。早在伊莉莎白出生的第二年，她就有了求婚者。在她成為女王後，向她求婚的男人更是絡繹不絕，他們大都是歐洲其他國家的君主或爵士，甚至還包括她姐姐的前夫——西班牙國王。

一五五九年，女王繼位的第二年，西班牙國王腓力二世派來使節向女王求婚。腓力二世在跟瑪麗結婚之前，就以王子身分向伊莉莎白求過婚；伊莉莎白成為女王後，他又為自己的兒子來求婚；現在，他的王后死了，他又親自出馬，以西班牙國

伊莉莎白

王的身分向英格蘭女王求婚。這三次求婚中的任何一次若成功了，就不會有「無敵艦隊」的覆沒和西班牙王國的衰落，歐洲的歷史就可能會改寫！

女王很冷靜地拒絕了西班牙國王——他實在是太小看伊莉莎白女王了。如果說，拒絕了腓力二世是有關國家大局，那麼其中深層的原因恐怕還是出在女王自己身上。她確實戴上了結婚戒指，在所有臣民面前，女王宣稱：我已經獻身給這個國家，英國就是我的丈夫！

在英國歷史上，有位羅伯特‧達德利爵士一直與女王糾纏不清。有人說他們很早就認識了，可能早在伊莉莎白被關在倫敦塔的時候，兩人就已經互生情愫。然而由於伊莉莎白心中有著難以釋懷的恐懼，所以並沒有與羅伯特‧達德利繼續發展下去。

在伊莉莎白繼位後，羅伯特‧達德利就成為她身邊的寵臣，兩人經常出雙入對，通宵輕歌曼舞。但這時，羅伯特‧達德利已經有了家室。也許正是這種看不到未來、沒有婚姻的感情才讓女王安心了吧！

後來，歐洲皇室中有不少人向女王求婚，可是女王都沒有

動心。因為伊莉莎白明白，她的嫁妝將是整個英國國土！在她登基後的二十多年中，她甚至把婚姻當作討價還價的籌碼，從中獲取政治利益和豐厚的禮品。這個「婚姻遊戲」變成英國極具價值的資產和外交政策的重要組成部分：當英國需要某個國家的支援或需要與之緩和關係時，就會建議對方向女王求婚，那些王公貴族誰也無法抵禦這個巨大的誘惑；但是他們忙活了好久，耗費了許多錢財，最後發現又是一場空歡喜。而女王卻取得了力量的平衡，贏得了時間，她在積蓄著力量，一步一步地鞏固著自己的統治地位。

在皇權至上的帝王家，只有權力才是唯一讓人們嚮往的，而道德與親情一旦成為通往權力的絆腳石，就會被毫不猶豫地剷除。伊莉莎白也不例外，她將「風中女王」囚禁長達二十年之久，最終將其殘忍殺害，就連瑪麗唯一的兒子也被她籠絡在自己身邊。

「風中女王」瑪麗是亨利七世的曾外孫女。一五四二年，剛出生不久的瑪麗·斯圖亞特在斯特靈城堡加冕為蘇格蘭女王。

伊莉莎白

一五五八年，瑪麗嫁給了同齡的法國皇太子法蘭西斯，即為法蘭西斯二世。一五六〇年，繼位不到一年的法蘭西斯暴斃，年僅十八歲的她結束了在法國的生活，回到了蘇格蘭，成為蘇格蘭女王。

　　瑪麗同樣是個有野心和權力欲的女人，她一回國就要求伊莉莎白指定她為王位繼承人。伊莉莎白為了控制她，便建議她嫁給達德利勳爵。然而瑪麗·斯圖亞特並沒有，所以兩人互相敵對起來。一五六五年七月，瑪麗出人意料地嫁給了表兄亨利·斯圖亞特勳爵，只因為亨利·斯圖亞特可以在伊莉莎白死後繼承英格蘭王位。

　　婚後，瑪麗·斯圖亞特就發現她的丈夫是個好色成性的浪子，一方面他喋喋不休地要求瑪麗賦予他「國王」的稱號和實權，另一方面他大肆打擊瑪麗女王的寵臣們，尤其是她的義大利籍祕書大衛·里奇奧，甚至還糾合蘇格蘭貴族當著她的面殺害了大衛·里奇奧。這引起了瑪麗女王的仇恨。

　　一六五七年二月，正在愛丁堡養病的亨利·斯圖亞特勳爵被離奇地掐死在花園裡，人們認為這是瑪麗女王的情人博斯韋

成功的女人
都是狠角色

爾伯爵所為。但女王糾合了一群支援自己的貴族，組織了一次虛假的審判，結果是博斯韋爾伯爵本人無罪釋放。

一五六七年五月，瑪麗和情人博斯韋爾伯爵結婚。這次不得人心的婚姻引起了蘇格蘭貴族們公開反對瑪麗女王的統治，不久貴族發生了叛亂，瑪麗女王被囚禁在列文湖畔的城堡裡，並被迫將王位傳給了她和亨利·斯圖爾特勳爵的兒子詹姆斯。

第二年，瑪麗·斯圖亞特從列文湖畔城堡逃了出去，她組織了幾次未遂的軍事政變，之後被迫逃到英格蘭尋求她的表姑伊莉莎白一世的庇護，不料由於伊莉莎白記恨她曾經與自己爭奪過王位，竟將她軟禁在倫敦塔。

從這以後，瑪麗·斯圖亞特開始了漫長的被囚禁生活，有二十年之久。然而在這期間反對新教的叛亂分子以瑪麗·斯圖亞特為精神領袖與王位繼承人為藉口，接連不斷爆發了幾次起義，讓新教女王伊莉莎白惶恐不安。

一五八七年二月，伊莉莎白女王下令處死瑪麗·斯圖亞特。傳說劊子手事前沒有把斧子磨得鋒利，以至於第一次砍下去之後脖子沒有完全斷裂，血流如注。劊子手把瑪麗·斯圖亞特冷

伊莉莎白

峻的頭顱展示給眾人的時候，人們驚愕地發現她的嘴還在蠕動。

這在當時引起了強烈的騷動，瑪麗·斯圖亞特畢竟是蘇格蘭的女王，處死一位外國君主在當時是極其罕見而又令人震驚的一件事情。即便伊莉莎白對瑪麗如此地血腥殘暴，但還是將瑪麗的兒子詹姆士列為繼承人。

♛

睿智、果敢不足以說明伊莉莎白對政治的運用，血腥、狠戾是不全面地描述她的手段，她的人生，不是用簡單幾個詞語就可以描述。畢竟，在她統治的幾近半個世紀中，英格蘭不但走出了貧窮衰落的境地，而且經濟不斷發展，國內政局穩定統一，成為歐洲強國之一，那是屬於她的黃金時代。

孝莊太后

真正的狠，是心底的從容

　　她，皇太極的妃子，順治的母后，康熙的皇祖母。一個女人，輔佐三代君王。

　　這樣的女人，囂張、跋扈、果斷、勇猛。當然，她取得這樣的成就，靠的不僅僅是智慧與謀略，還有遇事時那份從內而

孝莊太后

外散發的從容。

　　她的人生充滿萬丈榮光，卻也曾佈滿萬千荊棘，若沒有處變不驚的能力和泰然自若的心態，她也做不出忍辱負重的選擇，從而成就子孫，實現自己的人生夢想。這個睿智而果敢的女人，就是清孝莊文皇后博爾濟吉特氏，名布木布泰。

　　後金天命十年二月，布木布泰作為維護科爾沁與滿洲政權的和平使者，嫁給了努爾哈赤的兒子皇太極。在皇權的激烈爭奪及政局的風雲變幻中，到處充滿了殘酷的陰謀。十一年後，皇太極在盛京稱帝，布木布泰晉升為永福宮莊妃。

　　雖然身為皇太極的妃子，可是布木布泰並不是十分受寵，直到為皇太極誕下皇子後，才漸漸得到關注。當時，皇太極剛失去一個皇子，所以對莊妃的孩子特別疼惜，並為他取名福臨，這便是後來的順治帝。

　　母以子貴，此後皇太極對莊妃的寵愛也漸漸多了起來。只是她不曾料到，這遲來的愛卻那般短暫，短到她還沒怎麼品出幸福的滋味，就戛然而止了。

成功的女人
都是狠角色

　　崇德八年，正在大展鴻圖的皇太極突患重疾，驟然離世。皇帝駕崩，宮內外難免要掀起一番風起雲湧。當時不管是在女真、後金還是如今的滿清政府，都沒有立太子一說，大汗或者皇位是靠選舉選出來的，而具有選舉資格的就是掌管八旗的貝勒或親王。皇太極死後，最有競爭力的就是他的長子豪格與皇太極的弟弟多爾袞。

　　一邊是兩黃旗，一邊是兩白旗；一個是皇太極的兒子，一個是努爾哈赤指定的繼承人，雙方勢均力敵，僵持不下。恰在此時，莊妃覺得屬於她與福臨的機會來了。但是她絲毫沒有慌張，而是有張有弛地拉攏權臣。莊妃從容的心性，也在此刻漸漸彰顯出來。

　　就在莊妃拉攏權臣的時候，皇長子豪格竟然自謙地說自己「福少德薄，不能即位」。

　　其實這只是他脫口而出的客氣話，並非出自真心，然而他的對頭多爾袞卻緊抓不放，煽風點火，導致豪格因為自己的失言而失去了爭奪皇位的資格。

　　這樣的結果讓多爾袞很滿意，覺得沒有了競爭對手，皇位

孝莊太后

非他莫屬。可是讓他想不到的是，這時代善居然站出來擁立福臨，於是那些贊同子承父業的老臣們也紛紛由豪格改為支持福臨，他們認為皇位必須是皇太極的子嗣才能繼承，逼迫多爾袞放棄對皇權的爭奪。雙方僵持不下，多爾袞最終選擇了妥協，成為了輔政大臣，福臨繼位。

　　早在努爾哈赤時期，代善因為與多爾袞的母親阿巴亥不清不楚的關係，而被踢出了權力中心，後來又因為沒有完成阿巴亥的囑託支持多爾袞，而遭到了多爾袞的一系列報復，六十幾歲的他已經沒什麼野心了。此時此刻突然站出來幫助福臨即位，顯然這幕後莊妃下了不少心思。

　　在皇太極駕崩這個危急關頭，莊妃冷靜果斷，在各方的權力爭奪中找到平衡點，成功地把自己年僅六歲的兒子推上了帝位，成為了大清的第三位皇帝順治帝。莊妃布木布泰與孝端文皇后哲哲兩宮並尊，稱為聖母皇太后。

　　福臨登基以後，各方僵持不下的親王們沒有了利益糾葛，又開始和平相處起來。為了完成愛新覺羅氏一統天下的夙願，

成功的女人
都是狠角色

多爾袞親自帶兵，從盛京一路打到山海關，入主中原。

順治元年，清軍攻下了北京城，多爾袞迎順治帝及孝莊太后等移駕北京。從此，中國進入了封建王朝的最後一個階段，即清朝統治的階段。當時多爾袞的權力不斷膨脹，在朝廷中大肆排除異己，順治帝也因此成了傀儡，甚至有些人只知多爾袞、卻不知有聖上。

此時，她也像所有強壯的女人一樣站在她的孩子面前，保護孩子免受風雨的侵襲。雖然看出了多爾袞的野心，但是她並沒有慌亂，而是採取了一種欲擒故縱的策略，一邊不動聲色地拉攏多爾袞，給予他賞賜和安撫，一邊等待他放鬆警惕的時候趁機除掉這個最大的威脅。

後人有一種說法，說孝莊太后為了大清江山的穩固與發展，屈身嫁給了多爾袞。

二人年齡相當，又都是朝廷的掌權人，再加上「兄死則妻其嫂」的習俗，理所應當地結合在一起。後來，順治還稱多爾袞為「皇父攝政王」。

對於這種說法，雖然我們無法在正史中考證，但孝莊太后

孝莊太后

的睿智與隱忍、勇氣與魄力是無需質疑的。她對多爾袞的安撫至少讓其受到了一定的限制，同時也是對母子二人的一種保護。從此，他不再對順治帝施加壓力，沒有讓朝廷往更壞的方向發展，讓清初迎來了一個比較穩定的局面。此刻，孝莊太后面對困境從容不迫的心境，就是她最大的武器。一個想成大事的女人，這種能力是不可或缺的。

在三百年前的清朝，天花的猖獗可怕，一如現在的愛滋病，可說是人人談「花」而色變。紫禁城的高牆與重門，可以抵擋住疾風暴雨和箭矢火炮，卻難以抵擋天花的肆虐橫行。

清朝十位皇帝，順治、同治直接死於天花，康熙和咸豐雖然僥倖從天花的魔掌中搶回性命，臉上卻留下永久的麻子。在清朝入關後的歷史中，天花就像鬼魂附體，成為清朝王朝揮之不去的王朝魔咒。然而，當天花再一次襲擊紫禁城時，孝莊太后表現出的從容與果斷，絲毫不遜色與歷史上任何一位出色的男子。

順治因天花而亡，國家無助，皇子年紀又小，紫禁城內外

成功的女人
都是狠角色

人心惶惶。這一切的壓力，都讓孝莊太后喘不過氣來，但是她還是運籌帷幄，不僅處理好順治的後事，還果斷決定讓得過天花的皇子玄燁即位。就這樣，年僅八歲的玄燁成為了康熙帝。

當年，順治帝也是尚未成年就即位了，但作為母親的孝莊太后只在幕後參與了一些政事，並沒有像其他太后那樣過多地干政。

如今，又一次面對年齡尚幼的小皇帝，朝臣紛紛關注著孝莊太后是否會垂簾聽政。不過太后卻表示，康熙帝已有輔政大臣，不需要自己垂簾聽政。

這一點，已說明她與歷史上許多為了權力不惜一切代價的后妃不同。也正因為如此，她的德操才顯得更加高尚。當然，對於康熙帝的政務，她並沒有放手不管，比如在給孫子選擇輔政大臣時她便沒有考慮皇親貴族，而是選了鰲拜、索尼、蘇克薩哈、遏必隆四人共同輔政。可見其用心良苦。

當然，那時的孝莊太后不會料到鰲拜後來強勢崛起，以及給朝廷帶來的壓力，清朝政權因此而差一點又發生被顛覆的危機。

孝莊太后

康熙雖然年幼，但他從小長待在皇祖母膝下，孝莊太后將自己大量心血都傾注在了這個皇孫身上。她經常給康熙講述清太宗皇太極當年的故事，激勵他將來要秉承祖先的英烈之風，成為有抱負、有作為的人物。

康熙本人也非常勤奮，從五歲開始跟著老師學習，早出晚歸，無論嚴寒酷暑從未間斷。即位以後，他更加勤勉，一邊努力學習治國安邦之道，一邊刻苦練習騎射技藝。他縱馬射獵時，時常十矢九中，英武非凡。

然而，康熙即位時實在是過於年幼，即便如此聰慧也不能親政，所以大權便都掌握在輔政大臣手中。

而四位輔政大臣也在利益的周旋中，因為政見不同等等的原因而分為了兩個派別。

鰲拜自恃為先帝的重臣，開始挾持幼帝，獨斷專權，不把任何人放在眼裡。就連太后想要立索尼的孫女為皇后，鰲拜也要出言干涉，說索尼家身分低下，他家的女孩兒不適合作母儀天下的皇后。可是孝莊太后是經歷過血雨腥風的女人，怎麼可

成功的女人
都是狠角色

能受鰲拜的擺佈。她義正言辭地反駁了鰲拜，最後將索尼的孫女迎進宮中封為皇后。

當年，關於順治帝立后廢后的事，令母子關係達到了冰點，如今孝莊太后在為孫子決定皇后的人選時，卻是另一番景象。康熙知道娶索尼家的孫女，是為了聯合索尼，牽制權勢日漸壯大的鰲拜，所以他完全聽從了祖母的安排，甚至對祖母的費心考量充滿感激。

隨著康熙年齡的增長，鰲拜也越來越囂張。無能為力的小皇帝只好去向皇祖母求助，此時的孝莊太后已經意識到曾經多爾袞的一幕又要重現了。那一次，她費盡心機再加上多爾袞突然去世才化解了危機。如今，鰲拜得勢，如果不及時制止未來必將後患無窮。

不過，儘管她的內心很焦灼，卻不能讓未成年的小孫子看出她的不安，更不能讓一些別有居心者看出她的軟弱。她氣定神閒地安慰康熙不要著急，只要等他親政了一切都會回歸正軌。同時，孝莊太后也在努力地尋找對策，為了在與鰲拜的鬥爭中贏得民心，她在民間減輕賦稅、穩定人心，並積極地招納賢才。

孝莊太后

　　然後，她又分析了另外三位輔政大臣的狀況，以便利用他們之間的敵對關係。其中遏必隆屬於鰲拜一派，索尼年事已高，無心參與國事，只有蘇克薩哈堅定地站在鰲拜的對立面。

　　為了限制鰲拜，蘇克薩哈提出讓康熙提前親政。鰲拜倒是不在意康熙是否親政，因為那對他不會有任何影響。不過，孝莊太后卻沒有同意讓康熙親政，她知道此刻皇帝無論是否親政，都無法擺脫鰲拜權傾朝野的事實，反而更容易被他抓住把柄。直到索尼去世，她才覺得時機成熟了。

　　康熙六年，皇帝親政，年僅十四歲。鰲拜的威脅依然存在，因為實權畢竟掌握在他手中。當時鰲拜與蘇克薩哈的不合已經日漸升級，鰲拜依仗權勢要康熙將其處斬。但對鰲拜深惡痛絕的康熙自然不想殺掉蘇克薩哈，不過孝莊太后卻為皇帝冷靜地分析了當前局勢。如果不按鰲拜的意思辦，他必然誓不甘休，惹出更多的事情；如果處死了蘇克薩哈，便可以暫時穩住這個權臣，以圖日後將其剷除。

　　康熙聽從了皇祖母的意見忍痛處決了蘇克薩哈，同時內心

成功的女人
都是狠角色

也真正開啟了對除掉鰲拜的一系列規劃。沒過多久，他就召集了一群少年，一起陪他練習摔跤，指導他們摔跤的正是索尼的兒子索額圖。當然，這一切在鰲拜的眼中只是一群孩子的玩耍罷了。

為了麻痺鰲拜，孝莊太后又讓康熙帝加封其為太師，位列三公之首，官位已經高到無法再高的地步。趁著鰲拜洋洋得意時，康熙帶著那群少年加緊操練，絲毫不敢鬆懈。

時間過得飛快，孝莊太后祖孫倆又韜光養晦了一年。某個尋常的日子，康熙召鰲拜進宮，早已經把皇宮當做自己家的鰲拜大搖大擺就進來了，他看見小皇帝依然在玩兒摔跤，覺得有趣就上前觀看。

康熙忽然大喊一聲，所有少年一同出手，瞬間便將鰲拜掀翻在地，就地擒獲！鰲拜萬萬沒有料到，雖然自己在朝廷中已經遍佈黨羽，最終卻敗在了一群少年手裡。

念在他功勞太高，孝莊太后讓康熙留了他一條命，只是終生囚禁，其黨羽全部處死，以絕後患。在孝莊太后的扶持下，康熙帝完成了他人生中的第一件大事，從此開始了真正意義上

的執政之路，也開啟了他威武赫赫的人生。

縱然實權在手，但康熙對孝莊太后的尊敬與重視卻絲毫不減，遇到重大決策還是會向皇祖母討教，這也間接說明了太后的政治見解對康熙帝的深遠影響。孝莊太后當然也十分看好這個少年天子，相信他將來必會成為了不起的皇帝。

智擒鰲拜後，孝莊太后並沒有覺得康熙的皇位就從此高枕無憂了，她想到了曾經安撫過的三藩，那是日後對康熙帝皇位的又一大威脅。

三藩指清初吳三桂、耿精忠、尚可喜三位藩王所轄藩鎮。三藩在所鎮守的省份權力極大，遠超過當地官員，並且可以掌控當地的軍隊、稅賦等。

早些年孝莊太后為了安撫他們曾施行了聯姻政策，如今鰲拜已滅，三藩隨時可能作亂，顯然滅三藩已成為當務之急。康熙帝也覺得三藩勢力過大，必須撤除，於是與孝莊太后達成了撤藩的共識。

還沒等他們祖孫二人有所行動，三藩就發動了叛亂，造成

成功的女人
都是狠角色

全國一片戰火，直接威脅到了大清朝廷。康熙帝雖然撤藩的決心很強，可是畢竟年輕，面對這一局勢，還是顯得有些茫然。

不過孝莊太后已經預料到，吳三桂等人曾為大清打下了江山，殺了不少百姓，如今天下百姓或許不再反對令他們擁有安樂生活的朝廷，但對於這些直接殺手卻不會輕易原諒，所以在這場戰鬥中，他們寧可支援大清王朝，也不願支持吳三桂一夥。在孝莊太后的指點下，康熙帝順應民意，沉著應戰，分兵出擊，三藩逐漸地被一一擊潰。

這次平叛戰爭的勝利，清除了地方割據勢力，避免了國家大分裂，有利於統一的多民族國家的鞏固和發展。同時中央集權制力量也得到了加強，並提高了抗禦外敵的能力。

從八歲登基到十四歲親政，從智擒鰲拜到平定三藩，康熙帝在孝莊太后的引導下，已經從一個年幼的娃娃成長為勤政愛民的好皇帝。從此，孝莊太后便可以安心度過晚年，不再身陷危機，也不再操心政務。

康熙二十六年，孝莊太后病危，皇帝悲痛萬分，不僅日夜服侍在左右，還親自帶領王公大臣步行到天壇祈禱，懇求削減

孝莊太后

自己的壽數來增加祖母的壽路。

從十二歲嫁入愛新覺羅家族開始，孝莊太后經歷了三代帝王，輔佐了年幼的兒子和孫子相繼登基。如果沒有她，順治也許不會成功即位；如果沒有她，康熙或許只是個默默無聞的皇子；如果沒有她，大清王朝可能會加速滅亡，又哪能有中國歷史上最後的繁榮景象——康乾盛世。

對於孝莊太后來說，「狠」不是態度裡的張揚，行為上的乖張，更不是手染多少鮮血，而是面對困境時來自內心的堅定與從容。

葉卡捷琳娜
二世

當妳足夠優秀，
任何規則都會為妳讓路

在橫跨亞歐大陸俄羅斯的版圖上，曾經孕育出這樣一個女

人，她放蕩風流，工於心計，愛好掠奪，不僅為俄羅斯搶來了大片的土地，就連自己的皇位也是從丈夫手中奪來的。

她就是葉卡捷琳娜二世，是俄國歷史上除了彼得大帝一世外第二個擁有「大帝」稱號的人，如果說彼得大帝曾為俄國打開了歐洲視窗的話，那麼葉卡捷琳娜二世絕對是打開了一扇大門。

她在位時，兩次打敗土耳其，一次打敗瑞典，奪取了黑海的出海口；三次參與瓜分波蘭，把克里米亞汗國併入俄國。但實際上，葉卡捷琳娜二世身上沒有一滴俄國人的血統，她來自德國。一個外國女人，用她的智慧、毅力和雷霆手段「竊取」了這麼龐大的國家，還把它治理的繁榮昌盛，讓它的子民甘願臣服。

葉卡捷琳娜，原名蘇菲亞，是來自德國貴族的一名公主，在她十五歲那年，因俄國女皇伊莉莎白的來信，改變了一生的命運。

得到伊莉莎白女皇青睞的蘇菲亞，帶著父母親的期許踏上了前往俄羅斯的旅程。在馬車中她看著遠去的故鄉，不僅心潮

成功的女人
都是狠角色

起伏，思緒萬千。她想起了童年，想起了母親對她的歧視，想起了她的家庭教師卡德爾小姐為她矯正難看的相貌而叫她收起下巴，想起了曾經所有不美好的回憶。

她本以為這輩子永無出頭之日，沒想到突然間一切都改變了，命運之神給她帶來了福音。人們都說俄羅斯宮廷是罪惡的深淵，不過她不害怕，她需要這樣的舞臺來展示自己。她相信在這場拿生命做賭注的巨大賭博中，憑著自己的才能，一定會取得成功。

每個女人心中都應該有這樣的欲望與執念，因為女人的成長平臺本就不應該局限一個廚房，一個家庭。就這樣，一個錦衣玉食的小公主徹底離開了故鄉，前往一個未知的國度，並在不久後擁有了一個全新的俄國名字——葉卡捷琳娜。

到了俄國，葉卡捷琳娜發現一切比想要中還要糟糕，未婚夫不僅弱不禁風，而且長相極為醜陋——他的臉孔瘦長，眼珠突出，嘴巴鬆弛，一副病魔纏身、憔悴不堪、絲毫沒有青春活力的樣子，讓她無法忍受。但是一想到，彼得大公將來會繼承皇位，葉卡捷琳娜還是盡力去討好自己的未婚夫。

葉卡捷琳娜二世

　　已經委曲求全的葉卡捷琳娜卻被接二連三的打擊，彼得大公居然對自己絲毫沒有愛意，反而時常與醜陋的侍女廝混在一起。

　　葉卡捷琳娜雖然不似李夫人般一顧傾人國，再顧傾人城，卻氣質非凡，只要跟她打過交道的男子，都沉淪在她的魅力中無法自拔。

　　強摘的瓜不甜，即便葉卡捷琳娜再優秀，彼得大公也無視自己妻子的存在，甚至時常羞辱她，就連寵愛她的女皇伊莉莎白的態度也漸漸轉變了。

　　宮廷裡爭權奪勢、爾虞我詐的氣氛和追求皇位的勃勃野心，使她在寄人籬下的逆境中，逐漸形成了虛偽狡詐而又兇狠殘暴的性格。她不得不低下那高昂著的頭，委曲求全，對女皇「無限恭順」，對丈夫「體貼入微」。

　　實際上，從得知彼得大公出軌的那一刻起，葉卡捷琳娜就再也沒有將目光在這個醜陋的男人身上停留，她將心思全部轉化到讀書上。從伏爾泰到孟德斯鳩，葉卡捷琳娜在一部部史書中思考著自己與腳下這片土地的未來。

成功的女人
都是狠角色

♛

彼得大公是一個昏庸無道的繼承人，他不關心政治，也不關心子民，而是整日在女人堆中嬉戲。面對這樣的丈夫，葉卡捷琳娜為俄國的子民悲哀，同時也為自己慶幸，彼得大公越昏庸，她奪取政權的機會就越大。

野心正在逐漸膨脹，但是葉卡捷琳娜很冷靜，她知道自己畢竟來自德國，想要在俄國這塊土地上紮穩腳跟，就要從裡到外徹底成為一名俄國人。

葉卡捷琳娜沒有怨天尤人，沒有灰心絕望，她趁彼得大公對自己不理不睬的機會拼命學習俄羅斯文化、語言和禮儀，甚至改變自己的宗教信仰，試圖使自己完全融入俄羅斯上層社會，這為她後來掌控俄羅斯打下了堅實的基礎。

但這種日子也是淒苦的，由於聖彼德堡的氣候比普魯士要冷得多，葉卡捷琳娜為了保持清醒，經常光著腳在冰冷的地板上苦讀俄語，結果高燒不退，就連醫生都給她判了死刑，甚至找來德國牧師路德宗為她做臨終祈禱。

此時的葉卡捷琳娜已經被高燒、放血和禁食折磨得奄奄一

葉卡捷琳娜二世

息，但是她依然沒有忘記自己想要獲取俄國人民信任的初衷，燒得昏昏沉沉的葉卡捷琳娜說：「把教我東正教禮儀的神父老師找來吧。」──東正教是俄國人民信仰最多的宗教派別。

　　葉卡捷琳娜的事蹟很快就傳遍了全城，就連伊莉莎白女王得知這件事後也感動到流淚。從德國到俄國，僅僅兩個月的時間，葉卡捷琳娜就用屬於自己的方式贏得了俄羅斯人民的信任。就連女皇也被重新感動，再一次重視起這個來自德國的小姑娘。

　　或許是治療的效果，或許是葉卡捷琳娜的頑強意志起了作用，她在死亡的邊緣遊走一圈後，又重新回來了。

　　打鐵要趁熱，痊癒後的葉卡捷琳娜趁著俄國人民沒有將她忘卻時，決定正式皈依東正教。在受洗儀式上，她用略帶德音的俄語，一口氣背誦了長達五十頁的祈禱文，純正的俄語不僅打動了東正教的大主教，也打動了全國人民的心。

　　葉卡捷琳娜用行動向全國人民無言地宣稱她對俄國這片土地的熱愛，從此，全國上上下下沒有人再提起這個女孩來自德國，國籍、血統，再也無法成為她的絆腳石。

成功的女人
都是狠角色

　　一七五四年，葉卡捷琳娜生下與彼得大公的第一個孩子保羅，即後來的保羅一世。可是孩子出生沒多久就被女皇帶走了，她失去了親子，卻得到了一筆為數不菲的錢款。

　　葉卡捷琳娜還沒有來得及為失去孩子傷心，就已經安排好了這筆錢的去處。她要籠絡人心，培養親信，這些都需要一筆不小的開銷。恰在此時，她結識了在她以後奪取政權中發揮重要作用的人物——格里戈里·奧爾洛夫。

　　即便再堅強，葉卡捷琳娜也是一個女人，彼得大公時常的侮辱讓她十分難過，也更堅定了自己想法。一次，葉卡捷琳娜剛剛與丈夫吵了架，便哭著想呼吸一下外邊的新鮮空氣。當她走到窗邊時發現一個長著大天使一樣腦袋的彪形大漢正朝她投來既恭敬又愛慕的目光，他就是當時很有實權的禁衛軍中尉格里戈里·奧爾洛夫。

　　葉卡捷琳娜看懂了奧爾洛夫的眼神，為此提起了興趣，這個男人不僅有她想要的溫存，更有著她需要的勢力，這個男人代表著強大的俄羅斯軍隊。於是，她偷偷地委託女友在涅瓦河上一個小島上的一間小房子為他們安排幽會。

葉卡捷琳娜二世

　　初次接觸，他們竟情投意合，他以溫熱的肉體和健壯的身材迷住了她。委身於情夫的懷抱，不但填補了她精神的空虛，更重要的是她得到了禁衛軍的支持。因此，她頻頻與格里戈里‧奧爾洛夫幽會，一半是為了享樂，一半是出於政治上的盤算。

　　而此時的格里戈里‧奧爾洛夫，也恍如神遊仙境，沉溺於葉卡捷琳娜的溫柔鄉中。她雖不再有少女的嬌羞，但卻有一種成熟女性的魅力，她的地位也使得她依然年輕、豔麗、撩人情欲。她被丈夫彼得大公冷落的感情和在他那裡蒙受的屈辱，使得任何情夫都感到要責無旁貸地去安慰她、保護她。

　　她曾多次表示了對俄羅斯的熱愛，對東正教的虔誠和對軍隊傳統的尊重。奧爾洛夫家族的所有人，都為他們之中一個人能得到她的青睞而揚揚得意。格里戈里‧奧爾洛夫和他的四個兄弟時刻準備著為她效犬馬之勞。因此，不斷地在軍官中大造輿論。

　　葉卡捷琳娜用實力證明了自己能力，她的光環已經完全將丈夫比了下去。幸好，彼得大公沒有十分在意這些，兩人在同

成功的女人
都是狠角色

一屋簷下，相安無事了好多年，即便彼得大公很少碰自己的妻子，葉卡捷琳娜也無法忍受寂寞而委身於他人。

看似相安無事的關係終於在伊莉莎白女皇將要去世時爆發了。看著奄奄一息的女皇，葉卡捷琳娜開始思考自己的未來，如果彼得大公繼位，那麼等待她的一定是暗無天日的後半生。擺在前面的路只有兩條：順從彼得大公，可以保住自己的性命，但是後半生很可能在修道院度過；比起苟且偷生，還有一種從來沒有人做過的事──發動政變，奪取皇位。

這樣的想法如果被人們知道，肯定會以為她瘋了，一個國家的皇后，想要推翻自己的丈夫，自己成為國王，簡直是不可完成的事情。

但是，已經蟄伏多年的葉卡捷琳娜怎麼會輕易放棄，即便要付出自己的生命，她也會義無反顧。否則她這麼多年的努力與隱忍都將功虧一簣。在葉卡捷琳娜的心中，從來只有一種選擇：或者成為皇帝，或者死亡！

在彼得大公繼位後，沒有了約束因此變得更加肆無忌憚，荒誕不羈。這樣的行為讓本來支持他的大臣也轉向了葉卡捷琳

葉卡捷琳娜二世

娜的陣營。

　　一七六二年六月二十八日凌晨，葉卡捷琳娜在奧爾洛夫兄弟的幫助下，巧妙地利用有利的形勢，依靠禁衛軍發動了宮廷政變，逮捕了即位才剛六個月的彼得三世。彼得三世向葉卡捷琳娜再三求饒，表示願意將皇位拱手讓給她，以此來換取自己的性命，並發誓將永遠效忠於她。但這絲毫沒有打動她的鐵石心腸，葉卡捷琳娜要斬草除根。

　　不久，彼得三世被殺，三十三歲的葉卡捷琳娜·阿曆克塞耶芙娜踩著她丈夫的屍體，登上了俄國皇帝的寶座，繼而成為葉卡捷琳娜二世。葉卡捷琳娜的順利登基，可以說是「俄國人民的選擇」。

　　葉卡捷琳娜成功了，她以雷霆的手段推翻了丈夫，君臨天上，還得到了全國人民的支持！當面臨對命運的選擇時，她打破了那些條條框框的規則，她用行動告訴人們，她是創作規則的人，而不是遵守規則的人。

♛

　　葉卡捷琳娜登基時，俄國正處於危機四伏的狀態：由於戰

成功的女人
都是狠角色

爭，俄國的財政已經出現了赤字；統治者的暴政，讓農民，工人們奮起反抗，騷動時有發生；反對她的貴族大有人在。

人們都知道攘外必須先安內，然而女皇卻想反其道而行之，在她看來最好的防守，就是進攻。她甚至提出了讓世人都汗顏的觀點：「如果俄羅斯想要獲得自身民眾和周圍鄰國的尊重，就必須成為一個令人生畏的強權國家。」所以，她連年征戰，三次瓜分波蘭，吞掉克里米亞，把俄國的領土面積擴大了整整三分之一，當時整個歐洲一聽到俄國的名字，都肅然起敬。

在戰爭中，她不是一個只會指揮的軍官，而是將自己與軍隊融為一體。他們在聖彼德堡作戰時，被一枚炮彈襲擊，街道上煙霧彌漫，居民們人心惶惶，唯有葉卡捷琳娜愉快地開著玩笑，說她也聞到了火藥味。然後，她去教堂祈禱。從教堂出來後，她看到教堂周圍聚集了很多人，便對左右說：「這群人用從聖彼德堡撿來的石頭就能把瑞典人砸死。」

是的，不管是面臨多大的困境，女皇都可以從容面對，化險為夷。她不是盲目，而是多年生活在陰謀陽謀中累積的智慧與勇氣。與其說葉卡捷琳娜試圖將俄國打造成一個超級帝國，

葉卡捷琳娜二世

不如說她想要建立一個更大的王朝，女皇的眼界，絕不止步於俄國這片土地。

她妄圖建立一個包括六個都城即彼得堡、莫斯科、維也納、柏林、君士坦丁堡、阿斯特拉罕在內的俄羅斯帝國，並幻想能夠進一步侵佔波斯、中國和印度。她曾一度揚言：「要是我能夠活到兩百歲，整個歐洲必將置於俄國統治之下。」

在政績昭著的同時，葉卡捷琳娜二世的風流韻事更為她增添了幾分神祕。除了日常工作之外，她便沉湎於強烈的情欲之中，她一生情人不斷，中年時寵愛的情人是指揮克里米亞戰爭的將軍波將金；垂暮之年，她和一個比她小四十歲的英俊的年輕人朱波夫廝混在一起。

她對自己的面首特別慷慨大方，據法國外交官約‧卡斯德拉統計，女皇賜給情夫們的銀錢、農奴、領地、宮殿、珠寶、餐具和俸祿共高達九二八二萬盧布。這一切充分暴露了她揮金如土的糜爛生活。

而她在做這些放蕩的風流韻事時，均以伊莉莎白女皇為楷

模，絕不讓這些男人凌駕於自己之上，她自始至終保持著一個
尊貴的俄羅斯女皇的威儀。

　　葉卡捷琳娜晚年突患中風，於一七九六年十一月十七日死
於沙皇村，終年六十七歲。

　　我們一直強調遵守去遵守規則，而葉卡捷琳娜卻在一步一
步中變得強大，最終走向權力的巔峰。有時候，當妳足夠強大，
強大到不可或缺，那個時候就連規則都會為妳顛倒。

慈禧太后

被天下人唾罵，也是一種成功

在中國的歷史中，有個女人很引人注目：她長期垂簾聽政，兩次決定皇位繼承人。她的一生，經歷了中國社會一場深刻變革。她的所作所為受到世人的唾棄、痛罵和譴責。她就是晚清的太后慈禧。

成功的女人
都是狠角色

　　母以子為貴，作為懿嬪的葉赫那拉氏在生孩子的當天，晉升為妃子，次年又被封為貴妃，地位只在皇后之下。因此有句話：「第一次鴉片戰爭的時候，慈禧只是個五歲的孩子；第二次鴉片戰爭，她已是懿貴妃。」

　　得到寵愛只是第一步，咸豐帝對她的迷戀給了她更大的權力。她不滿足於在御花園裡漫步、聽戲，對朝政也感起興趣來。

　　第一次鴉片戰爭以後，太平天國運動在全國各地飛速發展，各地告急的奏章紛至遝來，弄得咸豐坐臥不寧，與皇帝朝夕相處的懿貴妃就幫他批覆各地送來的奏章，為他出謀劃策，物色理想的奴才。

　　實際上，早年的她已經對朝廷裡爭權奪利、鉤心鬥角的動態摸得一清二楚，少女時代的葉赫那拉氏就已經初顯其乖張的政治手段了，也為以後不斷謀權打下基礎。

　　咸豐帝死後，她就開始對政務大臣包攬政權左右朝政的做法頗有異議，特別是肅順曾經建議咸豐皇帝剷除她僅留其子，以免日後她獨斷專權，這讓謹慎至極的她懷恨在心。當時咸豐屍骨未寒、遺詔尚在，慈禧就蠢蠢欲動了。

慈禧太后

咸豐十一年，慈禧對內聯合慈安，對外聯合恭親王奕訢，利用「梓棺回鑾」的騙局發動「辛酉政變」，網羅並剷除威脅到她的人。僅僅幾天時間，皇宮上下充滿了血腥與陰謀的味道。

第二年，載淳正式登基，此年為同治元年。上「母后皇太后」尊號為慈安皇太后，「聖母皇太后」尊號為慈禧皇太后，兩宮皇太后垂簾聽政，這時，慈禧可以心安理得地坐在幕後越俎代庖了。

辛酉政變是慈禧與慈安第一次真正意義上的合作，雖然合作時還算愉快，但二人心裡卻各懷鬼胎。慈禧野心勃勃，慈安也不是等閒之輩。早在咸豐還在世時，因為過於寵愛慈禧，慈安就以耽誤政務為名打了慈禧一頓板子。雖然那時慈禧是寵妃，但對方是皇后，以身分壓制她、教訓她是理所應該。正是從那時起，慈禧開始明白了權力的重要性。

掌權之後的二人相處還算融洽，慈禧的野心都在朝廷之上，而慈安不喜歡干預朝政，便把一切重心都放在了小皇帝同治身上，她認為就算慈禧能力再大，只要掌控好皇帝就可以控

成功的女人
都是狠角色

制一切。只要慈禧因為讀書練武的事情責罰同治，慈安就會出面干預，久而久之，同治與慈禧的感情漸漸疏遠了。

不過，這對慈禧來說卻並不重要，與其做個好母親，還不如權傾天下更讓她滿足。當野心勃勃的慈禧終於手握大權，她自然希望能好好施展她的政治野心，然而還沒等慈禧大展拳腳，太平天國起義軍就打了過來。

太平天國是晚清時期規模最大、影響最深遠、打擊最嚴重的一起農民起義。李秀成率領起義軍從江西到浙江再到上海……一路打來即將臨近北京，戰況如雪片般擺到慈禧的面前。

正當慈禧一籌莫展時，一位漢臣帶領他的湘軍被奕訢注意到了。同是在一八六一年，李秀成帶領軍隊大肆進攻時，太平天國都城天京遭到了曾國藩帶領的湘軍侵犯。奕訢雖然出身八旗貴族，可是他並不像其他人那樣排斥漢人。看到曾國藩的潛力後，奕訢馬上就將此人推薦給了慈禧。

一八六一年冬，曾國藩親自坐鎮安慶，以安慶為指揮中心，開始了一場全面進攻天京的圍剿戰。三年後，天京被攻克，太平天國運動以失敗告終。

慈禧太后

同治幼年是一個少不更事的頑童，親政以後，作為一個青年皇帝，確實是辜負了朝野上下對他的殷切期望。同治的荒淫程度比他父親咸豐還要厲害。他有許多后妃，卻還要常常帶上兩個心腹太監，換上平民服裝，偷偷溜出皇宮，到京師的南城娼妓區去尋花問柳，夜間不回皇宮。

時間一長同治帝病了，御醫在治病的過程中發現病情惡化，這可不僅僅是感冒發燒，於是向太后請示。

慈禧太后也不正眼看他們，說：「這不是天花嗎？」御醫冒險向慈禧說：「不能這樣治，皇上的病不是痘症。」慈禧大怒，御醫摘帽磕頭，不再多言。不久後，同治帝重病身亡。

皇帝駕崩，群龍無首，兩宮太后便又出來主持政務。當時同治帝並沒有留下一個兒子，所以在即位之人的選擇上慈禧真是煞費苦心。她們為了可以繼續把持朝政，決定選擇同治的同輩兄弟、即咸豐的侄子慈禧的外甥——四歲的愛新覺羅·載湉為帝，改年號為「光緒」，兩宮太后再次垂簾聽政。

光緒元年正月二十日，醇親王奕譞之子載湉在太和殿正式

成功的女人
都是狠角色

即位。從這一天起，年僅五歲的光緒就被慈禧控制在手裡，或當做爭奪權力的工具，或作為顯示威嚴的權杖。在更多的情況下，則當做她御案上不可缺少的擺設，或是任意玩弄的傀儡。

光緒登基後，慈禧與慈安的關係漸漸從表面上的友好，到了水火不容的地步。後來，慈禧太后因為病重，權力皆由慈安太后把持。慈安為了報復慈禧，將她寵愛的太監安德海處死。慈禧喪失了心腹大丟顏面，由此忌恨在心。

不久後，慈安太后暴斃。有人說是因為腦溢血，有人說是慈禧在慈安的飯菜裡下了毒，至今仍是清宮史上的未解之謎。

不管怎樣，此後垂簾聽政的只有慈禧一人了，所有的大權也都是她的了。然而她卻絲毫沒有感到輕鬆，因為奕訢的勢力已經發展到不在她的控制範圍內了。

♛

慈禧與恭親王奕訢早在咸豐剛去世時因為共同的利益而結為盟友，開啟了「太后垂簾，親王輔政」的新體制。那時二人的羽翼都並不豐滿，唯有和諧共處、相互扶持才能共渡難關。

然而後來，因為辛酉政變時奕訢借助了洋人的勢力，平定

慈禧太后

太平天國運動也依賴了洋人的力量，恭親王「安外攘內」的策略讓軍機處的人對他都很恭維，洋人對其也很賞識，漸漸的奕訢已不再把兩宮太后放在眼中了。

但「垂簾聽政」的慈禧，又怎麼可能容忍一個親王獨攬大權？奕訢越是得意，慈禧要除掉他的決心就更多一分。洋洋自得的奕訢根本沒有意識到慈禧對他的敵意，言談舉止依舊囂張跋扈，因此留下來很多把柄。

同治四年，慈禧太后小試鋒芒。編修蔡壽祺彈劾奕訢，說他攬權納賄，徇私驕盈，慈禧趁此機會命人嚴查，七日就以其目無君上，免去議政王和其他一切職務。由於朝中大臣求情，慈禧太后才允許他在內廷行走，並總理各國事務衙門，但仍舊免去了他議政王的職務。這是慈禧給予奕訢的第一次打擊。

隨著洋務運動的開展，以奕訢、文祥為首的洋務派發動的改革觸動了很多貴族的利益，他們聯手組成了頑固派。慈禧雖然支持洋務運動，但卻為了打擊奕訢也經常會站到頑固派一邊。而慈安的去世，讓奕訢失去了一個重要盟友，再加上醇親王地位的上升使得慈禧在與奕訢的權力鬥爭中站到了上風。

成功的女人
都是狠角色

　　光緒十年，慈禧借中法戰爭戰局不利之機發動「甲申易樞」，將以奕訢為首的軍機處全班成員統統罷斥，逐出權力中樞。至此，慈禧終於使自己擁有了不受制約的至高無上的權力。

　　沒有了慈安太后等人的干預，慈禧與光緒的相處一開始還算融洽，她對光緒的教育非常上心，為他請最好的老師，甚至將光緒的親生父親接進宮來陪讀。光緒也親切的稱呼慈禧為「親爸爸」，這是滿族人的習慣，對女性長輩以男性的方式來稱呼。

　　一八八九年二月，光緒大婚，一后二妃都是慈禧親選的，皇后葉赫那拉氏，是她的親侄女，另外兩個是侍郎長敍的女兒他他拉氏姐妹。皇帝大婚後，按照制度，慈禧需要還政給光緒，無奈之下，慈禧只好再次回歸後宮做她的皇太后。然而已經對權力欲罷不能的她又怎麼可能輕易放手？所以，大清帝國名義上雖然是光緒帝親政，實際上一切大小事務仍然由慈禧做主。親政後的光緒開始漸漸不滿慈禧的獨裁，皇帝與太后的關係迅速惡化。

　　此後，光緒帝與慈禧共同經歷的大事還有兩件，一件是中

慈禧太后

日甲午戰爭，另一件就是導致光緒被囚禁的「戊戌變法」。

　　甲午戰爭爆發前，清政府正在緊鑼密鼓地修繕頤和園。戰爭爆發後，光緒帝主戰，爭強好勝的慈禧也不得不支持皇帝的決定。可是戰爭需要經費，當時有人提出停止頤和園的修繕。慈禧聽後大發雷霆，說出了「今日令吾不歡者，吾亦將令彼終生不歡」之語。後來，清軍在戰場上接連失利，為了不影響自己的六旬慶典，慈禧開始支持李鴻章避戰求和的方針，以各種藉口打擊以光緒為首的主戰派。

　　甲午中日戰爭以簽訂喪權辱國的《馬關條約》而結束，從此，國家陷入更為嚴重的民族危機中。看到日本從中國獲取了巨大的利益，列強們也紛紛盯上了這塊肥肉，很快在全世界就掀起了一陣瓜分中國的狂潮。

　　光緒為了救亡圖存，開始了一系列的改革，歷史上稱為戊戌變法或百日維新。它是晚清時期以康有為、梁啟超為代表的維新派人士，透過光緒帝宣導學習西方文化，提倡科學，改革政治、教育制度，發展農、工、商業等，來全面展開資產階級改良運動。

成功的女人
都是狠角色

　　光緒帝為了國家而改革，慈禧當然不能阻攔，可是很快她就看出光緒改革的另一個目的，就是奪取她的權力。所以她一邊支持改革，一邊謀劃如何破壞改革。

　　一八九八年六月光緒帝發佈「明定國是上諭」，無論是哪一個朝代，只要有革新，就會有人出來反對，風雨飄搖的大清王朝當然也不會例外。光緒帝的變法觸動了滿洲舊勢力貴族和眾多封建官僚的利益，他們聚集起來，竭力反對變法。

　　當反對的聲音不斷地傳到慈禧耳中時，她的心裡早已經有了謀劃，她不可能讓變法成功，如果那樣多年來苦心經營的權力都會落入皇帝手中。所以早在光緒頒佈《明定國是》詔書時，她就已經做好了準備。她強迫光緒免去自己老師翁叔同的職務，又將她的心腹重臣榮祿升為直隸總督，經過了一系列的職位調動，她握住了更多的朝廷重權。此後，她開始密謀逼光緒退位，她知道此時的皇帝已經不是當初的娃娃了，她需要一個更好控制的傀儡。

　　光緒得知慈禧的意圖後，馬上召集維新派的人士商量如何對付慈禧。百密一疏，光緒選擇了袁世凱做兵部侍郎，操練軍

248

慈禧太后

隊。袁世凱與譚嗣同商議好後，轉身就將他們的祕密告訴了榮祿，榮祿立即將一切告知慈禧。慈禧大怒，立即率人趕到紫禁城，大罵光緒帝，稱他違背祖宗良訓，居然受康有為一干人的蠱惑，妄圖變法。

於是，慈禧以此罪名將光緒囚禁在瀛台並處死了譚嗣同等六人，然後自己出面再次訓政，從此更加徹底地掌控了朝政大權。隨著光緒帝被囚禁，僅僅堅持了一百零三天的維新變法也宣佈告終。

一九〇〇年八月十四日，八國聯軍攻入北京，慈禧帶著光緒帝與皇后倉皇出逃到西安，一直養尊處優的她哪裡受過這樣的罪，這樣的出逃讓慈禧怕了。所以當她再一次回京時，不得不與八國聯軍簽訂了一系列不平等條約，她再也不想打仗了。

此時的慈禧已經失去了她年輕時的凌厲，她一而再再而三地滿足列強的要求。在她看來，中國地大物博，既然給錢就可以換來平靜的生活，何必打打殺殺呢？

但是，慈禧似乎忘了一件事，國家的真金白銀並非取之不盡用之不竭，她所認為的地大物博也很快就要被列強瓜分完畢。

成功的女人
都是狠角色

但是，強盜的欲望是沒有止境的，又怎麼會輕易地滿足？不僅如此，慈禧為了挽回自己在列強面前丟失的顏面，更加奢侈無度。

相傳，慈禧一頓飯就要吃一百多道菜，洗一次澡就要用掉十多條真絲毛巾。慈禧六十大壽時，醇親王提議要修繕頤和園為慈禧賀壽。慈禧聽後非常高興，不惜抽取軍隊的經費用來籌備自己的生日宴會，耗費數千萬兩銀子。這一切，都讓百姓苦不堪言，民不聊生。

活著——整個大清帝國都是她奢侈的資源；死後——恨不得天下財寶都被她帶到墓裡。據說當時陪葬慈禧的奇珍異寶就將近五千萬兩銀子，下葬隊伍高達上萬人，歷史上只有秦始皇才有如此的規模。

人死如燈滅，然而十九年後，當孫殿英挖開慈禧的墳墓時，她還宛如剛剛死去一般。可見在屍體的保存上下了多麼大的功夫。

回顧慈禧一生，從最初的蘭貴人，到不可一世的老佛爺。

慈禧太后

大權在握四十七年，一個掌控大清近半個世紀的女人，臨終卻留下了「女人不得干政」的遺言，想必，對自己的功過是非，她比誰都要清楚。無論怎樣，她以自己的方式，沒有被歷史的黃沙沖散，成為濃墨重彩的一筆。

香奈兒

把一件事做到極致，就是成功

　　「這個世界上有很多公爵夫人，但只有一個可可・香奈兒！」如今，我們說到可可・香奈兒，更多的描述是一個女強人創建時尚帝國的故事。然而事實上，她的一生卻充滿挫折：孤寂的童年，在修道院生活的少女時期，之後成為一名毫無名

香奈兒

氣的小裁縫，歷經了兩次世界大戰，最終病逝在巴黎麗思飯店。

　　她能有後來的成就，唯獨憑藉的就是「喜歡」二字，單純喜歡一件事很難，而她用一生去做這件事，並把這件事做到極致，所以成功了。

　　對於全世界所有追求時尚的人來說，香奈兒絕對不是一個陌生的名字。因為這並不僅僅是一個時裝品牌，或是一個香水的品牌，更是一個偉大女性的名字。精明、入時、雅致以及永遠的前衛，這就是世人眼中的可可‧香奈兒。

　　這個女人為時尚界帶來的那些想法，徹徹底底地改變了全世界女人對於時尚以及對於自己的認知。

　　她從一個貧窮人家出身的普通女孩，最終成為一位舉世聞名的時裝設計大師，香奈兒的一生確實創造了太多的奇蹟。

　　香奈兒確實堪稱是一個傳奇。儘管她不懂得什麼美術常識，但卻能一眼就看出衣服款式的好與壞，看出哪裡還需要改進，哪裡還需要加工。

　　這不能不說是一種天才，而她全部的祕密，就在於那樣的一雙充滿鑒別力的眼睛，還有那樣一雙不可思議的「上帝之

成功的女人
都是狠角色

手」。

也正是憑藉著這樣的一份天才,她改變了我們對於服裝的認識、對於女性的認識以及對於人生的認識。而這一切都使得已離我們而去的她,成為了真正意義上的傳奇。她的堅強、獨立和智慧,將永遠散發獨有的芳香,正如那瓶著名的五號香水一樣。

她一生只做一件事,就是「時尚」,她將這件事做到了極致,所以她是成功的女人。

一八八三年八月出生於法國盧瓦爾河畔的索米爾小鎮的可可‧香奈兒,全名為加布麗埃勒‧香奈兒。從生命一開始的時候,這位女性就註定要成為謎一般的人物。有的人說她是私生女,有的人說她小時候的家境並不富裕,對此,香奈兒本人的說法也前後矛盾。

雖然她是個有勇氣的女人,但對於自己的出身卻一直諱莫如深,她寧願終生保留這個祕密,永不被外人所知。

可可十二歲的時候,母親就去世了,她在孤兒院裡度過了

香奈兒

少年的黯淡時光。

　　十七歲時，她進入修道院。在當時的社會，婦女地位極其低下，而像她這樣沒有好家境的女孩子想要在社會上生存，是非常艱難的。但香奈兒深知，高超的針織手藝對於女孩子來說很重要，她想要用針線來養活自己。於是，十八歲那年，香奈兒到一家商店做助理縫紉師，從此開始與服飾打交道。

　　之後，可可學會了騎馬，也在騎兵之間結交了不少男性朋友。儘管家境貧寒，但二十歲的可可長成了亭亭玉立的美人：頭髮烏黑，身材小巧，眼睛也楚楚動人，鼻子小而翹。她的美麗、俏皮和孤高自賞、自由自在的個性，勾畫出了一幅新女性的肖像。

　　她通常只穿藏青色上裝和白色襯衣，不加任何裝飾，這跟當時花枝招展的世風形成了鮮明的對比，並顯得別具一格，不同凡響。誰也無法料想，這位嬌小的女子將給這個時代的生活帶來多麼大的影響！

　　一九一〇年，香奈兒遇見了她的初戀情人艾迪安·巴尚，在這位富家公子的資助下，她來到巴黎，開了她的第一家帽子

成功的女人
都是狠角色

店。香奈兒的帽子簡潔大方，寬大實用，尤其是硬草帽和圓頂狹邊的鐘形帽，受到了許多婦女的歡迎，這個帽子店也成了日後香奈兒總店的地址。

一九一二年，《時裝雜誌》以完整篇幅刊載了香奈兒的帽子，並由年輕的明星示範，使這位年輕而無名的小帽商，在巴黎初露鋒芒。

一九一二年，香奈兒趁熱打鐵又在法國上流社會的度假聖地——諾曼第海邊小城開了一家服裝店，很快，她極富個性的開領襯衫、運動衫、短裙和男式雨衣受到了許多時髦女郎的注意。香奈兒為了擴大宣傳，還讓姐姐穿上自己設計的新式服裝，到城裡最繁華的地方引起婦女們的注意，這差不多是最早的一種廣告形式了，而可可的事業也由此開始起步。

一九一八年，香奈兒的親密愛人卡佩爾因車禍遇難，當時第一次世界大戰已經爆發。而香奈兒依然堅強地站立著，發展事業的念頭更加雄心勃勃。香奈兒的卑微出身和早年生活給她的服裝理念打上了深刻的烙印。一九二四年，她推出了一種簡

香奈兒

單、直線條、顏色不鮮豔的黑色小禮服，頓時掀起了世界服飾的革命。

在設計風格上，她強調的是舒適性、方便性和實用性，另外加上她的個性和感性，因此她的服裝是年輕自然的，直線條裁剪簡單優雅不強調曲線，纖細且實用。有時，香奈兒也喜歡男性打扮，因此她也將男性風格融入女性服裝中，最後形成自己與眾不同的風格品味。

第一次世界大戰時期，職業婦女漸漸興起，因此那種比較實用的服裝受到大家的歡迎，香奈兒的服裝正好符合這個趨勢，她的事業也因此蓬勃發展。戰後，具有敏銳頭腦的香奈兒決定投入成衣市場，這項決定使她的企業穩固並成長茁壯，一舉成為屬一屬二的服飾大企業。

此後，香奈兒繼續在她的服飾作品中，貫徹優雅簡約的設計理念。她也設計出不少以串珠作為裝飾的服裝，但她的這類服裝特點鮮明，裝飾色主要是黑、白、褐，雖然這是當時許多國家的流行趨勢，但她在其中凸顯了自己獨特的設計個性。

香奈兒最著名的設計之一是一九二〇年左右推出的幾款套

裝，它們的樣式脫胎於男裝，但又完全不同於男裝，時至今日這些樣式仍在流行。

　　此後不久，香奈兒在服飾領域又開始了全新的探索，她的設計與其早期作品的風格完全不同，而是變得更加女性化，更加羅曼蒂克。由她設計的晚裝，裙擺寬大，胸衣緊身，褶皺精緻，深受婦女的歡迎。香奈兒終於闖入了法國時裝界這個高傲無情的領地，她的時裝和她本人一樣銷魂蝕骨地迷住了那個時代。

　　二十世紀二〇年代初期，香奈兒享譽全球，她的設計沙龍在巴黎坎朋街三十一號開業。這時的香奈兒已是二〇年代時裝界的「女王」，其公司也是巴黎最重要的公司。雖然，香奈兒也曾遭到批評。

　　曾有人撰文譏諷她創造了一種「高級的窮相」，可是，憑藉過人的天賦和敏銳的時尚嗅覺，這個有著「高級窮相」的可可‧香奈兒，在二十世紀二〇年代比任何人所取得的成就都要更勝一籌。

　　一九三一年，香奈兒應邀去美國好萊塢設計服裝，她的設

香奈兒

計大獲成功。雖然美國明星目空一切，但香奈兒設計的套裝卻成了美國職業女性的標準服飾。

聰明的香奈兒不會滿足的。從一九二〇年開始，她開始提倡整體形象，不但從頭到腳，還包括配件、化妝品、香水，她認為一個女人不該只有鈴蘭和玫瑰的味道。一個衣著優雅的女人同時也應該是個氣息迷人的女人，所以香水會增添她無窮的魅力。

一九二一年，歐尼斯特·博為香奈兒調製了一款香水，香奈兒用自己的幸運數字「五」來命名這款香水，這就是後來被瑪麗蓮夢露等人推崇的「香奈兒五號」（Chanel No.5），「香奈兒五號」的問世也是可可一生中重要的事件之一。

「香奈兒五號」的橫空出世，使全世界都為之瘋狂，而她本人也因此聲名大噪。到了一九三八年的時候，香奈兒的盛名已經達到了前所未有的高峰。

香奈兒時裝成了二〇年代的主流，可可也宛如新時代的化身：經濟獨立，戀愛自由，生活全憑自己的喜好方式。

香奈兒是情感豐富的人，但是機智、聰明、獨立的她卻並

成功的女人
都是狠角色

不容易被男性接受。她的第一個情夫叫艾迪安·巴尚，雖然這個公子哥兒為她躋身上流社會提供了必要的條件，但她最鐘意的情夫卻是鮑伊·卡柏。

香奈兒在白雪皚皚的比利牛斯山下遇見了卡柏，他們縱馬奔馳在草地上。當卡柏準備回巴黎時，她斷然拋下艾迪安，雙手空空地跑到火車站尋找卡柏，香奈兒最終等到了她生命中最重要的男人。

從某種程度上講，是卡柏造就了香奈兒——他資助她開店，並把她引入上流社會和藝術沙龍，他正視她的思想並培養了她的個性……後來，他在從香奈兒家返回的途中發生車禍身亡。

香奈兒隻身驅車長途跋涉來到車禍現場，她走向汽車的殘骸，像盲人那樣用手撫摸著車身，然後坐下來，背對著馬路，一連哭了幾個小時。

對於卡柏的死，香奈兒真的很傷心，她將巴黎的臥室全部用黑色裝點：黑窗簾、黑牆布、黑床單。後據她的朋友證實，卡柏是香奈兒一生唯一真正愛過的男人。但他的死讓香奈兒遊

香奈兒

戲塵世的戀愛作風，終於有了個「我也有癡情」的藉口。沒多久香奈兒就從悲傷中走出來，她的情人數目也開始不斷攀升。

卡柏去世留下的空白很快被俊美優雅的俄羅斯大公德米特里填補，他是沙皇亞歷山大二世的孫子，是沙皇尼古拉二世的堂弟。他和時裝帝國女王相遇時只有二十六歲，而香奈兒當時已經三十七歲。

香奈兒超凡脫俗的迷人風韻令所有的男人心馳神往：她那鮮豔欲滴的嘴唇，彎曲的短髮，苗條的身段，劍客戴的手套，昂貴的絲襪，各式女帽以及永恆不變的香菸……這種打扮成為二戰前夕香奈兒典型的肖像。

一九二五年，她結識了英國首富威斯敏斯特公爵，她的美麗和智慧吸引了公爵，威斯敏斯特公爵展開的攻勢富有新意，他每天為香奈兒獻上一籃新鮮花果，當第二次出現在香奈兒面前時，手裡就捧著大把鮮花。

可是美麗倔強的可可並不準備放棄自己創立的事業，她曾坦白地承認工作是一件令她著迷的事情，她雖然渴望愛情，但自己不會為了愛而單純地放棄服裝事業。可是，威斯敏斯特

成功的女人
都是狠角色

公爵需要的是能為他生下繼承人的妻子，而這是香奈兒無法做到的。「這個世界上有很多公爵夫人，但只有一個可可‧香奈兒！」最終，這段轟動整個歐洲的戀情在維持了幾年之後還是結束了，威斯敏斯特公爵娶了另外一位貴族小姐為妻。

公爵的淡出令更多的男人拜倒在香奈兒的石榴裙下：比她小一半歲數的米蘭貴族維斯康、納粹間諜史派茲、說不清是生意夥伴還是對手的魏泰瑪，此外，她還跟畢卡索和溫莎公爵糾纏不清。

在她看來，愛情遠比婚姻更有生產力，她就是利用男人們對她嬌小身軀的競相出價，使香奈兒時尚帝國迅速崛起並生生不息。香奈兒漫長的情婦生涯，在跟她同居三年的依西普突然倒在網球場的那一刻停止了。

香奈兒一生都將男人當做最高檔的裝飾品，她憑著機智的戲語、迷人的氣質、欲拒還迎的小花招，在每一場狩獵中獲勝，但就是這樣一個演繹傳奇的人，雖擁有榮華富貴，卻也孤寂不堪，雖曾為眾多男人所傾倒，卻只能與自己的事業為姻。

香奈兒

　　二十世紀三〇年代中後期的法國政局極為動盪，大蕭條和失業問題所帶來的影響繼續存在。在這種形式下，香奈兒於一九三九年舉行了最後一次時裝發佈會，她宣佈時局已不適合追求時尚。

　　許多城市在戰爭中成為一片廢墟，曾經極端繁華的歐洲陷入貧苦之中。二戰的最大債主──美國開始成為風格獨特、價格昂貴的時尚服裝最重要的買主。一九四七年，克麗絲汀·迪奧創造了自己的「新款」：緊身內衣，寬大的裙擺長及腳踝，這是改造之後的傳統風格。他對香奈兒構成了極大的威脅，時尚正在向她之前的服裝概念倒退。這位偉大的女時尚創導者竟然被時尚拋棄！

　　香奈兒認為流行的新款荒唐至極，根本不合時宜。但大多數人非常喜歡新款的服裝，這是對多年來的制服和簡單樸素格調的一種自然反彈。

　　二〇年代的香奈兒風格如今遭到了大家的嘲笑，並被認為是醜陋不堪的。雖然這時的香奈兒是富有的，但她的服飾被否定使她的心情苦悶極了。她懷念工作，懷念曾有的輝煌，於是

成功的女人
都是狠角色

不甘屈服的她決定東山再起。

一九五四年二月五日，七十歲的香奈兒舉行了公開的歸來時裝發佈會。對此，她曾解釋是為了還婦女們穿著舒適、合身的服裝的自由。

事實上，這時的時尚已經朝這個方向發展了，因為戰後出生的年輕人並不認為那些緊身衣服合適自己，他們覺得香奈兒服裝才是新奇有趣的。儘管她重新贏得了人們的歡迎，但時裝界的人們卻挖苦和諷刺她，說她不應該再出來，應該活在人們的歷史回憶中，保持美好形象。

香奈兒雖年事已高，但頭腦冷靜，十分堅強，對於媒體的攻擊她保持沉默，著手下一次時裝發佈會。不久，經過改進的香奈兒款式大方優雅，穿著方便，很快就又受到了美國白領女性的青睞。

的確，她每次創造的時裝，都不僅僅是樣式的簡單改變，而是對人們生活上重大變化的回應。從二〇年代到五〇年代，香奈兒不停地創造奇蹟，改變了整個時尚世界。

一九七一年一月，八十八歲的香奈兒去世。作為一名女性，

香奈兒

香奈兒熱誠率直，她憑藉著自己對流行時尚非凡的洞察力和敏銳的捕捉力永久性地創造了婦女時尚的新紀元，並以自己的獨立和智慧徹底改變了時尚，成為享譽世界的時裝界女王。

　　她的一生中永不停止地創造，不單單是在服裝方面，她一手宣導的風格、走路的姿勢、生活方式……都已成為二十世紀精神的代表。她曾經常獨自在巴黎街頭散步，孤獨、自由而傷感。她經常手拿一根香菸，站在她的立體主義鏡牆前面，讓人拍照。時尚與煙氳在鏡子裡混淆，就像她一生中那些混淆的現實與虛構、那些無法預測的華麗與荒涼。

　　然而，她是偉大的，由她創造出的時裝設計潮流毫無疑問地成了最為輝煌的絕對主流，而她所開創的「香奈兒風格」也一直流行至今。

張幼儀

最徹底的傷害，
是最有力的成長

　　她是中國第一個被離婚的女人，卻深得公公婆婆的喜愛；
她出身優渥，卻被新婚丈夫叫做「土包子」；她經歷了一個女
人一生最悲慘的事，卻以最高貴的姿態回歸生活。她是民國時
期赫赫有名的女銀行家，是被徐志摩拋棄的前妻張幼儀。

張幼儀

徐志摩對人很好，梁實秋曾描寫徐志摩：「他飲酒，酒量不洪適可而止；他豁拳，出手敏捷而不咄咄逼人；他偶爾打麻將，出牌不假思索，揮灑自如，談笑自若；他喜歡戲謔，從不出口傷人；他飲宴應酬，從不冷落任誰一個。」

林徽因說：「志摩是個很古怪的人，浪漫固然，但他人格裡最精華的卻是他對人的同情，和藹，和優容；沒有一個人他對他不和藹，沒有一種人，他不能優容，沒有一種的情感，他絕對地不能表同情。」然而，這樣一個對誰都好的男人卻唯獨容不下自己的結髮妻子，甚至在外人面前無情地嘲笑張幼儀的土。

張幼儀土不土我們無從得知，但是她出身優渥，幾個哥哥都是有名的政治家，金融家，這樣的出身表明了張幼儀根本沒有徐志摩說的那般不堪。

她只是有一些膽小罷了，一個小女孩突然來到對自己來說完全陌生的家，從這以後，她要學會相夫教子，孝順公婆，她有些許的忐忑。但在徐志摩看來，女兒家的擔憂完全就是因為

成功的女人
都是狠角色

這個女人根本上不了檯面，更加配不上自己，本來就不滿意的包辦婚姻，如今更反感了。

她也許感知到了丈夫的不滿，卻不知道自己到底哪裡出了差錯，便越發的小心翼翼。徐志摩見妻子這般姿態，便更加不滿了，為了擺脫不幸福的婚姻，他選擇了出國逃避。

張幼儀一邊幫助徐志摩收拾行李，一邊祈禱丈夫在異國他鄉可以順利。然而，她沒有想到的是，徐志摩此次離家將會帶給她多大的災難，甚至改變了人生軌跡。

離開了令人「窒息」的家，徐志摩彷彿是一直被解放的困獸，對世界充滿了好奇與欣喜。很快，他就在好友家認識了靈動聰慧的林徽因。比起張幼儀的膽小、木訥，活潑、大膽的林徽因彷彿更加可愛。看見林徽因，徐志摩才知道自己所期望的靈魂伴侶清晰的模樣。

林徐二人正處於熱戀中如膠似漆，誰也不願意提起遠在大洋彼岸的張幼儀。此時張幼儀已經懷上了第二個孩子，因為思念丈夫，她不顧危險來到了英國。

張幼儀

　　古人說：小別勝新歡。但對徐志摩來說，妻子的到來除了驚嚇便只有惶恐了吧，他擔心林徽因生氣，卻從未對漂洋過海的妻子有過絲毫關心。

　　一個懷有身孕的女人，不僅沒有得到丈夫應有的關愛，反而見他對別的女人呵護備至。此時的張幼儀想必內心是崩潰且憤怒的吧。但良好的教養不允許她像旁人那般撒潑鬧事，只是平靜地向徐志摩陳述自己懷孕的事。

　　徐志摩一聽便說：「趕快打掉。」

　　張幼儀說：「可是我聽說有人因為打胎死掉的！」

　　徐志摩冷冰冰地說：「還有人因為坐火車死掉的，難道你看到人家不坐火車了嗎？」隨後一走了之。

　　一九二二年生下次子，簽好離婚協議後，徐志摩跟著她去醫院看了小彼得。

　　後來，張幼儀形容這段往事，她說：「志摩把臉貼在窗玻璃上，看得神魂顛倒，卻始終沒問我要怎麼養他，他要怎麼活下去。」

　　的確，與林徽因相比，張幼儀缺少了一種清秀與靈氣，與

成功的女人
都是狠角色

陸小曼相比，她缺少了一份敢愛敢恨的率直。

在徐志摩眼中，張幼儀的是笨拙、膽小的，更像是舊式家族中的小媳婦。不會林徽因那樣與徐志摩談詩作畫，也不會像陸小曼那樣與徐志摩遊花賞月，她會的只有洗衣服做飯針線女紅。這樣的女人，根本入不了受過西方教育的徐志摩的眼。

被拋棄後，張幼儀沒有哭鬧，沒有自暴自棄，而是很快從悲傷中振作起來，自己一個人，帶著孩子學習德文，並進入裴斯塔洛齊學院。

不是所有女人天生就要強，大多數都是在經歷過大風大浪後幡然醒悟，對於她們來說，傷害不過是又一次新生。成功的女人，不是可以將傷害一笑而過，而是在悲痛中破繭成蝶。她們的狠，是敢於面對自己的傷痛，並充分利用這份疼痛刺激自己快速成長起來。

張幼儀將心中的傷通全部化作學習的動力，不僅說的一口流利的英語，還將德國嚴謹的工作作風學的淋漓盡致。在這裡她彷彿找到了人生的支撐點，拼命地學習來充足自己的人生。

張幼儀

　　張幼儀把自己的人生一分為二，「去德國前」和「去德國後」。去德國前，她什麼都怕，怕說錯話，怕做錯事，怕得罪人，怕被徐志摩拋棄，即便委曲求全依然得不到應有的尊重；去德國後，她什麼都不怕了，離開徐志摩，她還有什麼可怕的。在這裡，她每天都面向陽光，努力讓自己生長。

　　命運似乎還想看看這個女人還有多大的能量，來到德國三年後，小彼得因病去世。這是張幼儀一生最沉痛的打擊，離婚、喪子，流落異國他鄉，厄運在她上空環繞，不曾離去。

　　每個優秀的人，都有一段沉默的時光。那段時關是付出了很多努力，卻得不到結果的日子，我們把它叫做紮根。只有經歷過痛徹心扉的痛，才能忘乎所以的忘。痛到不能再痛，不是重生就是毀滅。

　　張幼儀重生了，她將這麼多年積攢的力量，徹徹底底釋放出來，涅槃重生，迎來新的生命。

　　安頓小彼得的葬禮後，張幼儀決定回國，與走時那個唯唯諾諾的她不同的是，如今的張幼儀溫婉大氣，充滿了智慧與能

成功的女人
都是狠角色

量。憑藉著一口流利的德語，張幼儀很快就被聘為東吳大學的老師。曾經的張幼儀，在丈夫面前說話都不敢抬頭，如今在講臺上意氣風發。

大學講師並沒有滿足張幼儀的野心，很快她就憑藉著自己的努力出任上海女子商業銀行副總裁，還擔任了雲裳服裝公司的總經理。

值得驚歎的是，張幼儀的商業頭腦竟如此優秀，在她的帶領下，不僅幫助商業銀行走出困境，還使雲裳服裝公司成為私人訂制的代名詞，當時，很多上海的名媛都以穿在這裡訂制的禮服為榮。

一個成功的女人，必然擁有著別人不曾擁有的胸襟。雖然徐志摩深深地傷害了她，但張幼儀還是甘願撫養起徐志摩的雙親與兒子，在徐家二老的心中，只有張幼儀才是唯一的「兒媳」。

此時的徐志摩，已經與陸小曼結婚，二人關係正處於一種微妙的階段。陸小曼喜歡奢華的名媛生活，教書的徐志摩看不慣陸小曼自甘墮落的模樣。

張幼儀

奇怪的是，此時張幼儀與徐志摩相處的卻十分融洽。他們結婚前，徐志摩幾乎不曾與妻子說過話，唯一一次主動擁抱張幼儀，還是張幼儀同意離婚的時候。

張幼儀的改變令徐志摩吃驚，他在給友人的信中說：「張幼儀真是一個有膽量有志氣的女子，她真的什麼都不怕。」

被離婚，喪子，所有的大風大浪都是因你而起，所以她還有什麼可以畏懼，唯有成長，才能讓她忘記傷痛。曾經，張幼儀不惜放低自己的姿態，委曲求全，將自己低微到塵埃中，可無論她怎樣祈求，徐志摩永遠都不會正眼看她一次。如今，徐志摩終於看到他的好。

只是，張幼儀已經不在意了。她將所有力量徹底爆發，破繭成蝶，只是為了成為她自己，而不是誰的妻子。愛情對她而言，有則錦上添花，無則也不傷大雅。

一九三一年，一個悲痛的消息傳遍了全國，徐志摩因飛機失事失去了生命。消息傳到妻子陸小曼那裡的時候，她根本不願意相信這個事實，因為他們前一天還在吵架。而聽到這個消

息的林徽因更是無法接受，畢竟徐志摩是為了要去她的演講，才搭乘了飛機。

只有前妻張幼儀，在傷心之餘安排弟弟和兒子去事發現場認領屍體，她則在家安撫公婆，主持喪事。

一個強大的女人，一定有一顆處事不驚的內心，她不是不傷心，只是責任太重了，她無法向陸小曼那樣什麼都不管，逃避現實。否則她也不會寫下這樣的挽聯：

萬里快鵬飛，獨憾翳雲遂失路；

一朝驚鶴化，我憐弱息去招魂。

在她心裡，徐志摩一直很重要，即便離婚他也是她心目中的丈夫。

葬禮過後，張幼儀將徐志摩的需要承擔的責任全部攬了過來，他的雙親，他的兒子，甚至陸小曼的生活費都由她來負責。

如果說張幼儀對徐志摩還有恨的話，那麼在他離開的那一刻，就已經隨他而去了，她是一個大度的女人，胸襟讓無數男人汗顏。她拋開了丈夫的不忠、不義；拋開了失敗婚姻帶給自己的枷鎖；拋開了對那些破壞自己婚姻女子的怨恨。也許，她對她們壓根從來沒有恨吧，這樣除卻自己，可以包容任何人的

張幼儀

女人，只會將過錯歸責於自己。

　　這一切隨著徐志摩突然離世，都不重要了。不管是棄婦還是什麼，只要自己活得光芒萬丈，就可以保護自己想要保護的人。一九六九年，幼儀親赴臺灣，找到志摩的好友梁實秋、蔣複璁，出版了《徐志摩全集》。

　　晚年張幼儀曾被問及愛不愛徐志摩，她答道：「你曉得，我沒辦法回答這個問題。我對這個問題很迷惑，因為每個人總告訴我，我為徐志摩做了這麼多事，我一定是愛他的。可是，我沒辦法說什麼叫愛，我這輩子從沒跟什麼人說過『我愛你』。如果照顧徐志摩和他家人叫愛的話，那我大概是愛他的吧。在他一生當中遇到的幾個人裡面，說不定我最愛他。」

　　這樣的回答，低調且霸氣，是張幼儀洗盡鉛華後對自己最華麗的證明。如果她像張愛玲，儘管遍體鱗傷，依然飛蛾撲火，也許徐志摩一輩子都不會承認她；如果她像林徽因，對人生很清晰，不去承擔徐志摩的那部分責任，就不會留下溫婉大氣的美名；如果她像阮玲玉，在傷痛中徹底淪喪自己，也許後人只會記得徐志摩曾有個前妻。

成功的女人
都是狠角色

幸好，她誰都不像，她就是張幼儀。一個在沉痛中涅槃重生的女人，一個由「土包子」華麗轉身為女強人的女人。她是太陽，救贖了自己，溫暖了他人。

一九五三年，一位名叫蘇紀之的醫生走進她的生活，這個溫潤爾雅的男人打動了她的心，寡居多年的她，像她二哥所希望的一樣，遵從內心的感受，有了第二次婚姻。

一九七二年蘇醫生因腸癌去世，張幼儀去了美國，平靜安然地度過了自己的晚年。去世後，墓碑上刻著她最終的名字：「蘇張幼儀」這應該是她刻意交代的吧。

張幼儀曾說：「我應該感謝徐志摩，如果沒有他的絕情，也不會有後來我的改變。他使我得到解脫，變成另外一個人」

婚姻是所學校，但不會因為你的好，而便更好，它會教會你成長，顯然，張幼儀順利畢業了。梁實秋在《談徐志摩》一文中評價她：「她沉默地、堅強地過她的歲月，她盡力了她的責任，對丈夫的責任，對夫家的責任，對兒子的責任——凡是盡了責任的人，都值得尊重。」

張幼儀

張幼儀，家世顯赫，深受公婆喜愛，縱然不受丈夫喜歡，如果她願意，想必也可以保證一生衣食無憂。可是，她選擇告別，告別無用的自己，告別破碎的婚姻，她依靠自己的力量，活出了女王的風采。

柴契爾夫人

強者的人生裡，沒有曲意逢迎

　　瑪格麗特・柴契爾，人們都稱她為柴契爾夫人，她是赫赫有名的「鐵娘子」，更是英國歷史上第一位女首相。

　　她從英格蘭小鎮的雜貨店裡，一路走到了倫敦唐寧街十號的英國權力中樞。這在貴族政治和男性民主根深蒂固的英國，

柴契爾夫人

本身就是一場革命。她是一個女人，但在政壇上的表現卻比男人還強悍。

她敢於以女子之身，縱橫於以男人為主的政客之中，不妥協，不畏懼。在政壇的腥風血雨中，來來去去淡定自如，我行我素不改初衷。

在舊時代，女政治家大概是最不好評價的人物。她們打破了男尊女卑的社會秩序，站到了權力的頂端，卻不得不用一些更極端的手段征服人心，比如武則天，如果她不曾殺害那些忠良大夫，用鮮血堵住天下悠悠之口，就不會受到萬人跪拜之禮。

她們力挽狂瀾，拯救搖搖欲墜的國家於水火之中，卻留下千古淫婦的罵名，比如埃及艷后克麗奧佩脫拉，如果她不曾委身於一個又一個男人身下，埃及可能早就成為羅馬勝利的果實；她們野心勃勃，開疆辟土，企圖征服世界，卻得不到後人的諒解，比如柴契爾夫人，如果不是憑著她那份倔強、執著，英國早就可能在一次次危機中，退出大國的舞臺。

柴契爾夫人，彷彿天生就是一個與眾不同的人，她從不奢求討人喜歡，也不在乎別人的看法，正如她所說的那樣：「如

成功的女人
都是狠角色

果你的出發點就是討人喜歡，你就得準備在任何時候、任何事情上妥協，而你將一事無成。」她的不妥協成就了她的政績，也毀掉了她的前途與名譽。但不管怎麼說，柴契爾夫人改變了歷史，書寫了傳奇。

無論生活在一個什麼樣的時代裡，一個人如果可以擁有永不放棄的信念，永不妥協的性格，只要他前進的方向是正確的，就一定可以創造出屬於自己人生的華章，顯然，柴契爾夫人就是這樣的人。

一個人的個性形成與諸多因素有關，有時候是與生俱來的，有時候是因為後天形成。柴契爾夫人性格的形成，與她父親的教育方式有著密不可分的關係。

柴契爾夫人對童年的記憶，是一種田園牧歌似的朦朧感覺：陽光穿過菩提樹葉子的間隙照進客廳裡，父母兄妹總是在她身邊。按照家人的說法，她小時候是個很乖的孩子。父親對她的教育很嚴格，經常向她灌輸這樣的觀念：無論做什麼事都要力爭一流，永遠排在人們前面，而不落後於人；即使是坐公車也

柴契爾夫人

要坐在第一排。父親從來不允許她說「我不行」或「太難了」這樣的話。

父親的「殘酷」教育培養了瑪格麗特向上的決心與信心。在以後的學習、生活和工作中，她時時牢記父親的教導，總是抱著一往無前的精神和必勝的信念，盡自己最大的努力克服困難，事事必爭一流，以自己的行動實踐著「永遠坐在第一排」。

二十五歲，是很多女孩還對未來充滿迷茫的年紀，而柴契爾夫人已經成為了保守黨的女性候選人。這得益於她從不將希望寄託於已經確定的事物上，打破生命的常規是她最擅長也是最願意做的事情。

柴契爾夫人說過：「在我的時代，沒有女性會成為首相。」而她做到了，她成為了英國第一任女首相，向人們證明了女人不但可以做到男人做的事，還可以完成一些男人都無法做到的事。

柴契爾夫人初登相位時，大英帝國已喪失了舊日的光榮和夢想，經濟衰退，政治屏弱，民心低落，英國被譏諷為「歐洲

成功的女人
都是狠角色

病夫」。柴契爾夫人以毫不妥協的態度施行一系列政治與經濟改革措施，將英國從危機中挽救出來，重歸世界實力強國之列。

她是一個時代人物，她開創了一個時代，她所處的時代正是經濟思想或經濟制度大轉變的時代，柴契爾當時推行了貨幣主義，政府不干預經濟，實際上就是一個自由市場經濟。在柴契爾任首相之前，世界經濟偏向政府較多干預，經濟效率低下，英國在這種福利較多的情況下出現了經濟衰退。

柴契爾夫人採取的新自由經濟政策至今仍具有借鑒意義。她大力減少國家干預，重視發揮市場機制；推行非國有化政策，鼓勵私人投資；對工會和罷工採取鐵腕策略，削減教育、醫療和社會福利等公共開支。

所有這些激進且爭議巨大的措施被人們稱為「柴契爾主義」。支持者認為她帶領英國走出經濟困境，提升了英國的國際地位；反對者則認為她是一個不折不扣的獨裁者、自大狂，幾乎毀掉了英國的福利制度。

這段時期是柴契爾夫人政治生涯的低潮期。一時間，她成為歷史上最不受歡迎的首相。大多數同僚希望她做出讓步，但

柴契爾夫人

是她卻堅持了下來。她衝著這些人高呼：「如果你們想掉頭，你們就掉頭好了；本夫人是不會掉頭的。」她把所有那些想要改變立場的溫和派全都踢出內閣，同時還把那些志同道合的人塞進了政府。她也正是由此而贏得了堅決果斷的名聲。

　　柴契爾夫人擔任首相的頭兩年出師不利，提出的倡議連連受挫，政府的措施實施不力。到一九八一年年底的時候，她的支援率下降到了有記錄以來最低的二十三％。對此她不以為然。

　　生活中，如果你把很長時間用在了努力徵得他人的同意上，如果你過多地擔心他人不同意你做的事情，那麼你就應該提高警惕了。尋求他人贊同沒必要建立在犧牲自己想法的基礎上，這樣做只會迷失自己，讓自己活不出真正屬於自己的人生。

　　柴契爾夫人有著強硬外交手段，面對另一個超級大國——蘇聯，她同樣不留任何情面。出於資本主義與共產主義的本質區別，柴契爾夫人曾經這樣說：「蘇聯人的野心眾所周知，他們妄圖統治整個世界。他們現在所做的一切事情，都是為了使蘇聯成為世界上的第一大超級帝國。」因為她過於強勢的外交

成功的女人
都是狠角色

政策，蘇聯的官方媒體將柴契爾夫人諷刺為「鐵娘子」

可是柴契爾夫人對於這個稱號非常的喜歡，於是這個稱號便在世界各地開始傳播。不過這個稱號，確實非常的符合柴契爾夫人的性格。

一九八四年十月十二日，愛爾蘭共和軍轟炸了布萊頓的Grand 飯店，造成五人死亡，三十四人受傷，當時保守黨正在這家飯店召開年會。面對恐怖分子咄咄逼人的攻勢，英國政府加強了反恐怖措施。

當時，身在現場的柴契爾夫人看著倒塌的大廈和驚慌的人群，並沒有任何畏懼，反而低聲地說道：「我也希望這樣的災難不要降臨到我的頭上，然而生活並非總像人們期望的那樣。」接著柴契爾夫人大聲宣佈：「爆炸並不能阻止我們，年會如期舉行！」後來，柴契爾夫人在一次講話中說道：「那些人用暴力和恐嚇方式把他們的意志強加於不想接受這些看法的其他人，法治必須戰勝暴徒的規則。」

事實上，柴契爾夫人在政治外交上的無所畏懼和鐵血手腕，一直以來都受到許多國家領導人的敬佩。一位政治傳記作

柴契爾夫人

家曾經如此評價柴契爾夫人：「她的同僚們從未曾見識過更為確信、更為專橫的領導，那便是她通常所用的行事方式……她掌管每一事實和資料，她甚至從不放棄任何主張，她有如此令人討厭的自信，看來沒有人能提出在她的決策中還潛伏著許多不可靠因素。確信度是她的最終籌碼……中間幾乎不存在支持者和反對者的聲音。」

柴契爾夫人的自信，在她上任兩年後阿根廷侵佔福克蘭群島事件中，那進攻性的固執己見態度中顯露無疑。這一群島離英國本土八千英里，島上只有一八〇〇種英國產品，六十五萬隻綿羊和一千萬隻海鷗，這對大多數領導人來說並非一塊有價值之地，一般不會去冒政治生命危險和戰士的生命風險。阿根廷的入侵也是基於這一賭博性的事實：一位女首相，在遠離群島的國土上領導一個困境纏繞的國家，不會為這個南太平洋的孤島來冒風險的。

許多柴契爾夫人的同黨人士認為她為如此小的利益冒如此大的風險，簡直是瘋了，報界反映道：「柴契爾瘋了，她認為

成功的女人
都是狠角色

自己是個奇才女性。」但錯的是他們！柴契爾夫人披上奇才女性的行裝，毫不猶豫地發動九十八艘戰艦，載著八千名士兵向群島挺進。這是一個原則在起作用——「任何程度的進攻都是絕不能容忍的」。她的力量、競爭性和全域觀佔據上風，將一場潛在災難轉變為絕對勝利。

當報界問起有關失敗的可能時，她反駁道：「失敗？這絕對不可能。」柴契爾夫人是對的，幾星期內又對報界說：「我們知道我們必須這樣做，我們朝著目標去做。」福克蘭的勝利使她在一九八四年贏得普遍選票，繼續擔任六年首相。

無可否認，自信是成功的驅動力，尤其是對女人來說，擁有自信就擁有了一種積極的態度和奮發向上的激情，因為千百年來的世俗觀念已經把女人的自信給扼殺了，儘管她們有想要成功的衝動，卻缺少衝破世俗的勇氣，更缺少對自己的那份自信。雖然並不是每個女人都能成為柴契爾夫人式的女人，但女人們應該學習她自信的姿態、獨立的心智，她永不言敗的氣度。

嚴格的家教，不屈的性格，讓人側目的才華，甚至是男人

柴契爾夫人

們自歎不如的手段。她一直像一顆頑強的胡楊，在政治鬥爭中屹立不朽，按著自己的意念去建立理想中的王國。

也正是這份強硬與專橫，使她的執政陷入危機，在新的一輪投票結果中，柴契爾還是離開了她的政治舞臺。

即便這樣，她依然堅信自己的立場。一九九○年十一月二十八日，柴契爾夫人最後一次離開唐寧街一號。「鐵娘子」並未長久地沉浸在消沉的情緒中。「我使英國恢復了聲望，使其經濟得到復興，並削減了稅收。我清楚了行政管理方面的繁文縟節……我還謀求對工會進行改革，這是當年邱吉爾都不敢做的事情。」

柴契爾夫人的一生中，有春風得意馬蹄疾的輝煌，也有人生在世不稱意的惆悵，但那些金戈鐵馬般的政治生涯，終於點綴了她的傳奇人生。

瑪丹娜

我把握自己的性感，
我操縱自己的命運

　　她囂張叛逆，總是出言不遜，但人們不得不經常同意她；
她性感瘋狂，魅力驚人，總有辦法讓歌迷跟她一起瘋癲。有人
稱她「婊子」，也有人稱她「女神」，而她甚至不否認自己下流。

　　她憑著一股霸道老練的狠勁兒和一顆不輸給男人的野心，

瑪丹娜

闖出一條紅得發紫的明星路，寫下一個世人皆知的名字——瑪丹娜。

　　瑪丹娜個子不高，只有大約一五七公分，身材卻十分火辣。再加上她閃耀的金髮碧眼，標緻的臉蛋，一種野性美在誘惑人們犯罪。利用這具胴體，她什麼都做了：跳舞演戲，挑逗觀眾，俘獲男人，一次又一次衝擊人們欲望的底線……

　　瑪丹娜是佛羅洛薩的後裔，她生來骨子裡就透著常人沒有的叛逆，後來生母離世，父親再娶，後母高壓管束，導致她徹底形成了離經叛道的性格。九歲在父親面前跳脫衣舞，十二歲有了性生活，十四歲就委身於她的舞蹈啟蒙老師斯托弗·弗林，在老師那裡，她不僅學會了跳舞，還懂得不少其他領域知識，包括情色與優雅。

　　父親雖然早早就已經為瑪丹娜的未來做好了規劃，成為一名律師或者會計，但是倔強的瑪丹娜不想讓自己過那種一眼就可以望到盡頭的生活，她與父親抗爭著，與社會的目光抗爭著，一個十幾歲的女孩憑著一股狠勁在與全社會做著鬥爭，就像她

成功的女人
都是狠角色

成名後說過這樣一句話：「我仍懷有兒時的目標——我要統治全世界。」

　　為了擺脫命運的桎梏，瑪丹娜在二十歲時來到紐約打拼。剛到紐約時，她發現想要在紐約尋求一份舞者的工作，並不如想像中那麼簡單。為了生存，她在酒吧做過招待，當過服務員，甚至在垃圾堆裡尋找過食物，那段時間對瑪丹娜來說簡直無法用語言可以形容。但是，生活再苦也沒有磨滅她想要成功的決心，瑪丹娜堅信一定會有機會的，因此她一直跟支持自己跳舞的弗林老師保持著聯繫。

　　一天，弗林打電話告訴瑪丹娜，著名舞蹈家珀爾‧蘭將要舉辦一個為期六周的實驗班，進入這個實驗班就有機會進入到珀爾‧蘭的舞蹈團。

　　瑪丹娜知道這是一個難得的機會，她知道自己雖然舞蹈功底深厚，但是想要獲勝，必須打動評委，尤其是要引起珀爾‧蘭的注意。她一下想到了兒時給家裡人表演用的方法——裸露。這次，她把自己表演用的 T 恤衫後面全部撕開，然後別了一個大號曲別針，又在前身剪了一個恰好能把肚臍露出來的洞。

瑪丹娜

功夫不負有心人，應考那天，她用嫻熟、熱情奔放的舞姿和富有創意的著裝一下子征服了所有評委。賽後，珀爾·蘭握著瑪丹娜的手對她說：「親愛的，妳很特別。」

大英雄不能一刻無權，小人物不能一刻無錢。瑪丹娜雖然順利進入了實驗班，但是沒有任何依靠的她，生活依然捉襟見肘。為了賺更多的錢養活自己，瑪丹娜經常透過雜誌和報紙的招聘給一些有名或者無名的攝影師當人體模特兒，這其中就有瑪丹娜到死也不會忘記的攝影師馬丁·施萊伯和比爾·斯通兩個人。

正是這兩個人，在瑪丹娜剛剛成名後，把手中瑪丹娜當年的裸照賣給美國最有名的成人雜誌，幾乎頃刻間毀了瑪丹娜。當時年輕無知的瑪丹娜放棄了那些照片包括版權在內的所有權利，這也為後來欲罷不能的裸照風波埋下了一粒苦澀的種子。

也就是從這個時候起，為了擺脫困境和得到成名的機會，瑪丹娜開始不斷利用上帝賜予她的美麗作為本錢，與一個又一個可能為她所用的男人糾纏在一起，並以此讓他們成為自己向著成功的頂峰不斷攀登的一個個階梯。

成功的女人
都是狠角色

　　對此，她的一位曾經的「男友」在接受記者訪談的時候也由衷地感歎道：「對於那時的瑪丹娜來說，性根本算不上是一種什麼大不了的事情，她像那些亂交胡搞的男人一樣去理解性，她讓自己透過這樣的方式來達到她想要達到的最終目標。」

　　而這樣的一番「付出」也真的為瑪丹娜帶來了她夢寐以求的機會。一九八三年，一張並不太引人注目的專輯《瑪丹娜》悄然問世。儘管它的出現並沒有實現瑪丹娜一鳴驚人的目標，但其中的幾首單曲還是讓世人多多少少知道了瑪丹娜這個名字，而她在隨後推出的音樂錄影帶中呈現出的那種「內衣外穿」的性感形象也終於引爆了當年的女性時裝風潮。

　　當一場更為巨大的風潮即將到來的時候，真正的成功已經向著這個為了夢想而情願付出一切代價的女孩展開了懷抱。就像她曾經說的那樣：「人們不知道我有多優秀，但用不了幾年，每個人都會知道的。我的計畫是，要成為這個世紀裡最偉大的明星。」事實證明，她成功了。

　　一九八五年，瑪丹娜發行《宛如處女》這張專輯，在歌曲中她無情地嘲諷了傳統的「貞潔婦女」，囂張地向男權社會發

瑪丹娜

出挑戰，獨特的觀點讓這張專輯一經問世便即刻引起轟動，不僅迷倒了千萬歌迷，而且也使得專輯本身榮登排行榜榜首，在國內外銷售一千四百萬張，最終刷新了美國歷史上唱片銷售的最高記錄。

隨著作品不斷地問世，瑪丹娜身上的光環逐漸增多，她在連續兩年的時間內被告示牌雜誌評選為「最佳單曲女歌手」和「最佳專輯女歌手」。也是在這一年裡，她的代表作之一《為你瘋狂》為她摘得了一九八五年葛萊美音樂獎的最佳表演獎，而她也由此成為整個八〇年代中擁有五張排名第一的暢銷唱片的唯一一位女歌手。

當時的瑪丹娜，幾乎完全征服了所有美國青少年的心靈。一時間，男孩子們都希望能夠親眼見到她，而女孩子們也開始競相模仿她。在這些歌迷們的眼中，瑪丹娜就是這個時代中最讓他們傾倒的性感女神，而這位女神所實現的夢想更是他們同樣渴望得到的東西。在二十世紀八〇年代，你可以不知道美國總統是誰，但你不能不知道搖滾女王瑪丹娜。

成功的女人
都是狠角色

　　榮耀經常伴隨著爭議，在瑪丹娜享受著燈光，榮耀與崇拜時，她也飽受著非議，質疑與抵制。瑪丹娜的事業如日中天時，風流帥氣的演員西恩潘走進了她的生活，金童玉女，看起來無比般配。

　　然而，名利場本就是修羅場，當瑪丹娜成為流量的代表時，一切跟她有關的東西自然就成了賺錢的途徑。早期給瑪丹娜拍過裸體照片的攝影師們，拿著那些讓人羞澀的照片，賣給了成人雜誌。這些照片中有的斜臥半裸，有的雙腿叉開全裸，有的跪立……眼神柔和，臉頰豐潤，腋毛也沒剃，一切都顯得青澀圓潤。

　　照片一經問世，引起了全美的轟動，瑪丹娜以及家人的痛苦，成了媒體的狂歡。記者的圍追截堵，各種誇張、渲染的報導鋪天蓋地而來，一時間，瑪丹娜幾乎崩潰了。

　　然而，裸照事件還沒有結束，人們似乎從這件事中看到了更多賺錢的機會。瑪丹娜的前保鏢───一個與瑪丹娜有兩年戀情的男人，無恥地將他與瑪丹娜的情書、情愛電話錄音等交給了媒體。一時間，「蕩婦」、「婊子」、「妓女」成為了瑪丹

瑪丹娜

娜的冠名詞。《一代宗師》裡有這樣一句話：「一條腰帶，一口氣。」人活著就是為了這一口氣，當這口氣散了，人也就空了。夢想也是，完全靠一口氣支撐著，會有茫然，會有挫折，會有荊棘，但是只要這口氣在，它就會不斷督促你向前，直到你強大到可以無視一切。

　　成功的女人都是狠角色，瑪丹娜的狠無疑是很多女人都無法做到的，多少在社會上充當各種角色的精英，遭受輿論後一蹶不振，更何況是這樣蒙羞的歷史。但是，瑪丹娜在短暫的低迷中很快走了出來，一個人如果自己不夠強大，沒有人可以幫他。瑪丹娜不僅走了出來，還從裸照風波中看到了機會。從各大媒體的紛紛報導，到大街小巷上人口相傳，瑪丹娜「人氣」達到了前所未有的高度。既然，裸露讓她在公眾中引起了是花多少錢都買不來的轟動，那麼，即便付出了一些肉體的代價又如何呢？

　　瑪丹娜是值得任何人敬重的，不是每個人都能在穿過黑暗的地域後，還能從惡意的眼光中重新站起來，成為人們的聚焦點。

成功的女人
都是狠角色

　　其實，早在一九九二年瑪丹娜推出過一本命名為《性》的自傳體著作。其中不僅收錄了她個人的一百多幅裸體照片，甚至還包含有集體淫亂等極富爭議的大量圖片。而她本人也在這本書中盡情地表達了自己對於「性」的具體看法：「我拍《性》寫真集是為了打開人們的心靈，改變人們對性的態度。在某種程度上，我是一個性革命者，只有脫光衣服我才感到自在，我不僅要做我喜歡做的事，而且我還要一直做下去！」

　　這樣的一種極度我行我素的作風，所能得到的結果自然可想而知。該書一經問世，在受到無數「登徒子」們的廣泛歡迎的同時，也理所當然地激起了眾多衛道士的強烈譴責。而針對這些批評、鄙夷甚至是攻擊和謾罵的反對意見，瑪丹娜不僅沒有絲毫的收斂，反而一鼓作氣又推出了一張乾脆命名為《色情》的新專輯，以及一部直接以虐戀和謀殺作為題材的限制級影片《肉體的證明》。

　　瑪丹娜在決心邁入演藝圈那刻起，就已經做好了應對一切的準備，在低迷過後，瑪丹娜表現得十分鎮定，她從容不迫地抵抗各種襲擊跟壓力，她以自己的方式反擊這場風波。瑪丹娜

瑪丹娜

曾對媒體說：「即使為達目的，要我成為蕩婦，我也在所不惜。」

《時代》雜誌說：「我想每個人心中都有一個這樣剽悍的女人，她抓住了每個人生命裡的原始欲望，而她有本事將這些全部實現。現在六十幾歲了，她仍然有衝勁，用一雙高跟鞋踩碎所有世俗的沉悶和非議。」

經歷過無數風波的瑪丹娜，早已不僅僅是作為一位只會在舞臺上邊唱著淫詞豔曲邊裸露性感身軀而聞名於世的女歌手了，她在其他藝術領域甚至是社會生活的方方面面都無一例外地創造和引領著時代的潮流，並因此形成了一種獨一無二的「瑪丹娜現象」。

無論是對於那些喜歡或是憎恨這個女人的那些人來說，她已經成為了這個時代中不可缺少的一個組成部分。這就是瑪丹娜，一代青少年的叛逆領袖，一個站在流行界頂端的女人，一位被後輩明星奉為偶像的天后巨星。

這就是真實的瑪丹娜，到過天堂與地獄，一個內心強大，活得通透的女人。無論外界如何評論她，她都活成了她自己，一個無法逾越的傳奇。

內容簡介

唐朝就像是漆黑深夜中的螢火蟲一樣，無論在哪個國家人的眼中，都是那麼的出眾、那麼的鮮明。

其實，中國傳統文化本身就是豐富多彩而富於創新的，古人也遠遠比我們想像得更時髦而多變。哪怕是我們現代，也不一定比唐朝人更懂時尚！

本書從唐朝的日常生活入手，從皇宮到市井，從文化到娛樂，為您展現一個與眾不同、時尚又前衛的唐朝！

內容簡介

宋朝男人愛花冠，宋朝女人愛紅妝？宋朝也有「星巴克」？宋朝也有相聲瓦舍？而且，宋人的足球也曾經超強過？

英國史學家湯因比曾說過：「如果讓我選擇，我願意活在中國的宋朝。」

宋朝，一個比唐朝更時尚、更開放的時代，流型與時尚的發展也別有風貌。看看宋人們過著怎樣的「摩登」生活，看看他們為現代的時尚界做了哪些貢獻。讓我們走進這個色彩斑斕的時代，感受《清明上河圖》那熱鬧繁華的氣息，好好觀察宋朝。

SHISHANG SONG REN

黑幫在日本當今社會的角色不是簡單的非黑即白，確切地說，應該是處在灰色地帶。

日本在允許黑幫合法的同時，
也在利用黑幫去維持治安，
眾所周知，日本是世界
發達國家中犯罪率最低的。
這便是日本黑幫迥異於
世界其他黑幫的地方。

世界上唯一的
合法暴力團

李孟翰／編著

日本黑幫

日本黑幫

日本の組織暴力團

李孟翰　編著

風格文化

從最開始的孱弱團體，成長為最強大的犯罪組織！
在這個潛藏著黑暗的罪惡世界，
美國黑幫無處不在！

美國黑幫無處不在
從最開始的孱弱團體，
成長爲最強大的犯罪組織

他們是黑影，籠罩著美國。
他們是主宰，掌控著美國。

上帝的歸上帝，
教父的歸教父

李孟翰 / 編著

美國黑幫

美國黑幫
AMERICAN GANGSTER

李孟翰 編著

永續圖書線上購物網　　讀品文化事業有限公司

WWW.foreverbooks.com.tw　　　　　　　　　　yungjiuh@ms45.hinet.net

Power系列　60

成功的女人，都是狠角色

作　　者	澹漦
出 版 者	讀品文化事業有限公司
執行編輯	林秀如
美術編輯	林鈺恆
內文排版	姚恩涵

總 經 銷	永續圖書有限公司
	TEL／(02)86473663
	FAX／(02)86473660
劃撥帳號	18669219
地　　址	22103　新北市汐止區大同路三段 194 號 9 樓之 1
	TEL／(02)86473663
	FAX／(02)86473660
出 版 日	2020年10月

法律顧問	方圓法律事務所　涂成樞律師

國家圖書館出版品預行編目資料

成功的女人，都是狠角色 / 澹漦著.
-- 初版. -- 新北市：讀品文化，民109.10
面；　公分. -- (Power系列；60)
ISBN 978-986-453-127-1(平裝)
1.女性傳記

781.052　　　　　　　　　　109012123

◆ 姓名：　　　　　　　　　　　　　　□男　□女　　　　□單身　□已婚

◆ 生日：　　　　　　　　　　　　　　□非會員　　　　□已是會員

◆ E-Mail：　　　　　　　　　　　電話：（　）

◆ 地址：

◆ 學歷：□高中及以下　□專科或大學　□研究所以上　□其他

◆ 職業：□學生　□資訊　□製造　□行銷　□服務　□金融
　　　　□傳播　□公教　□軍警　□自由　□家管　□其他

◆ 閱讀嗜好：□兩性　□心理　□勵志　□傳記　□文學　□健康
　　　　　　□財經　□企管　□行銷　□休閒　□小說　□其他

◆ 您平均一年購書：□ 5本以下　□ 6～10本　□ 11～20
　　　　　　　　　□ 21～30本以下　□ 30本以上

◆ 購買此書的金額：

◆ 購自：　　　　　　市(縣)
　　　□連鎖書店　□一般書局　□量販店　□超商　□書展
　　　□郵購　□網路訂購　□其他

◆ 您購買此書的原因：□書名　□作者　□內容　□封面
　　　　　　　　　　□版面設計　□其他

◆ 建議改進：□內容　□封面　□版面設計　□其他
　　您的建議：

剪下後傳真、掃描或寄回至「221 03新北市汐止區大同路三段194號9樓之1讀品文化收」

2 2 1 - 0 3

新北市汐止區大同路三段 194 號 9 樓之 1

讀品文化事業有限公司　收

電話/(02)8647-3663 傳真/(02)8647-3660

劃撥帳號/18669219　永續圖書有限公司

請沿此虛線對折免貼郵票或以傳真、掃描方式寄回本公司，謝謝！

讀好書品嘗人生的美味

成功的女人，都是狠角色